中华复兴之光
千秋名胜古迹

雅士汇聚名楼

李姗姗 主编

汕头大学出版社

图书在版编目（CIP）数据

雅士汇聚名楼 / 李姗姗主编. -- 汕头 ：汕头大学
出版社，2017.1（2023.8重印）
　（千秋名胜古迹）
　ISBN 978-7-5658-2849-2

Ⅰ．①雅… Ⅱ．①李… Ⅲ．①楼阁－古建筑－介绍－
中国 Ⅳ．①K928.74

中国版本图书馆CIP数据核字(2016)第293514号

雅士汇聚名楼　　　　　YASHI HUIJU MINGLOU

主　　编：李姗姗
责任编辑：宋倩倩
责任技编：黄东生
封面设计：大华文苑
出版发行：汕头大学出版社
　　　　　广东省汕头市大学路243号汕头大学校园内　邮政编码：515063
电　　话：0754-82904613
印　　刷：三河市嵩川印刷有限公司
开　　本：690mm×960mm　1/16
印　　张：8
字　　数：98千字
版　　次：2017年1月第1版
印　　次：2023年8月第4次印刷
定　　价：39.80元
ISBN 978-7-5658-2849-2

前　言

党的十八大报告指出："把生态文明建设放在突出地位，融入经济建设、政治建设、文化建设、社会建设各方面和全过程，努力建设美丽中国，实现中华民族永续发展。"

可见，美丽中国，是环境之美、时代之美、生活之美、社会之美、百姓之美的总和。生态文明与美丽中国紧密相连，建设美丽中国，其核心就是要按照生态文明要求，通过生态、经济、政治、文化以及社会建设，实现生态良好、经济繁荣、政治和谐以及人民幸福。

悠久的中华文明历史，从来就蕴含着深刻的发展智慧，其中一个重要特征就是强调人与自然的和谐统一，就是把我们人类看作自然世界的和谐组成部分。在新的时期，我们提出尊重自然、顺应自然、保护自然，这是对中华文明的大力弘扬，我们要用勤劳智慧的双手建设美丽中国，实现我们民族永续发展的中国梦想。

因此，美丽中国不仅表现在江山如此多娇方面，更表现在丰富的大美文化内涵方面。中华大地孕育了中华文化，中华文化是中华大地之魂，二者完美地结合，铸就了真正的美丽中国。中华文化源远流长，滚滚黄河、滔滔长江，是最直接的源头。这两大文化浪涛经过千百年冲刷洗礼和不断交流、融合以及沉淀，最终形成了求同存异、兼收并蓄的最辉煌最灿烂的中华文明。

五千年来，薪火相传，一脉相承，伟大的中华文化是世界上唯一绵延不绝而从没中断的古老文化，并始终充满了生机与活力，其根本的原因在于具有强大的包容性和广博性，并充分展现了顽强的生命力和神奇的文化奇观。中华文化的力量，已经深深熔铸到我们的生命力、创造力和凝聚力中，是我们民族的基因。中华民族的精神，也已深深植根于绵延数千年的优秀文化传统之中，是我们的根和魂。

　　中国文化博大精深，是中华各族人民五千年来创造、传承下来的物质文明和精神文明的总和，其内容包罗万象，浩若星汉，具有很强文化纵深，蕴含丰富宝藏。传承和弘扬优秀民族文化传统，保护民族文化遗产，建设更加优秀的新的中华文化，这是建设美丽中国的根本。

　　总之，要建设美丽的中国，实现中华文化伟大复兴，首先要站在传统文化前沿，薪火相传，一脉相承，宏扬和发展五千年来优秀的、光明的、先进的、科学的、文明的和自豪的文化，融合古今中外一切文化精华，构建具有中国特色的现代民族文化，向世界和未来展示中华民族的文化力量、文化价值与文化风采，让美丽中国更加辉煌出彩。

　　为此，在有关部门和专家指导下，我们收集整理了大量古今资料和最新研究成果，特别编撰了本套大型丛书。主要包括万里锦绣河山、悠久文明历史、独特地域风采、深厚建筑古蕴、名胜古迹奇观、珍贵物宝天华、博大精深汉语、千秋辉煌美术、绝美歌舞戏剧、淳朴民风习俗等，充分显示了美丽中国的中华民族厚重文化底蕴和强大民族凝聚力，具有极强系统性、广博性和规模性。

　　本套丛书唯美展现，美不胜收，语言通俗，图文并茂，形象直观，古风古雅，具有很强可读性、欣赏性和知识性，能够让广大读者全面感受到美丽中国丰富内涵的方方面面，能够增强民族自尊心和文化自豪感，并能很好继承和弘扬中华文化，创造未来中国特色的先进民族文化，引领中华民族走向伟大复兴，实现建设美丽中国的伟大梦想。

目　录

黄鹤楼

滕王阁

岳阳楼

　　湖南岳阳楼始建于220年前后，其前身相传为三国时期东吴大将鲁肃的"阅军楼"，在中唐李白赋诗之后，始称"岳阳楼"。

　　岳阳楼建筑构制独特，风格奇异。其楼顶为层叠相衬的"如意斗拱"托举而成的盔顶式，这种拱而复翘的古代将军头盔式的顶式结构在我国古代建筑史上是独一无二的。

　　岳阳楼自古有"洞庭天下水，岳阳天下楼"之誉，与江西南昌的滕王阁、湖北武汉的黄鹤楼并称为江南三大名楼。

鲁肃为操练水军修建阅军楼

在我国三国时期，当时的湖南岳阳是魏、蜀、吴三国必争之军事要塞。为此，吴国军师周瑜便据守江陵，并以这里为根据地，屯驻军队储备粮草。

210年，周瑜上奏吴国首领孙权，建议出兵先攻蜀国的刘备，再取襄阳，北击魏军曹操进而一统天下。

孙权准奏，周瑜便急忙整顿军马，筹备粮草，欲取巴蜀。但就在这时，踌躇满志的周瑜却忽染暴病，逝于岳阳，年仅36岁。

周瑜临终时写下遗书："人生有死，修命短矣，诚不足惜。"并对孙权说，"鲁肃忠烈，临事不苟，可以代瑜。"

鲁肃，字子敬。他出身富贵人家，家道殷实，乐善好施，而且和善慈祥，足智多谋。

孙权深知鲁肃的才干，便采纳了周瑜的建议，当即任命鲁肃为奋武校尉、横江将军，屯陆口，接替周瑜统领部队。周瑜私属部队4000多人，以及原来的奉邑等地，全都转归鲁肃所有。

早在东汉末期，岳阳原名巴丘，因地处天岳幕阜山之南，洞庭湖之北又改称岳阳。这里沃野连绵，鱼丰米足。由于地处江湖之交，为荆襄门户。

赤壁大战中曹军进退都经过巴丘。大战后，巴丘是孙、刘两个军事集团的交界处。

215年，鲁肃接替周瑜驻守巴丘，认为"巴丘正当江湖汇口，四通八达，为古来水陆争战之地尤利水战，应成为一个重要水军据点"。

刘备借得荆州后，令关羽驻守，与鲁肃对垒。鲁肃驻守巴丘期间为防御关羽和曹军再次南下，便在水面广阔的洞庭湖加紧操练水军。

他选择洞庭湖与长江的咽喉之地，也就是后来的岳阳楼一带，构筑险固的巴丘城，并在城西依湖临水的地势高敞处，建造了训练和检阅水军的阅军楼。

阅军楼临岸而立。登临阅军楼可观望洞庭全景，湖中一帆一波皆尽收眼底，气势非同凡响。这座阅军楼，就是湖南岳阳洞庭湖畔岳阳楼的前身。据《巴陵县志》记载，岳阳楼"肇自汉晋"，或称"鲁肃阅军楼"。

在鲁肃死后63年，也就是280年，晋太康在巴丘城建立了巴陵县，巴丘城的阅军楼改为巴陵城楼。

南北朝时，南朝梁时将罗县、吴昌县新置玉山县、巴陵县、湘滨县，并以此五县及湘阴县建岳阳郡，郡治所设在今汨罗之长乐镇。

后来对巴陵城楼进行了重修，使这一十分简陋的军事设施，成为供人游览的场所。那壮阔绮丽的风光，常为诗人吟咏。此后，常有骚人墨客登楼赋诗。

岳阳楼最早见于南北朝时诗人颜延之的诗《始安郡还都与张湘州登巴陵城楼》：

却倚云梦林，前瞻京台囿。
清氛霁岳阳，曾晖薄澜澳。

这首诗作于422年。当时颜延之受权臣徐羡之排斥，出为始安太守，道经汨潭，与张劭有过一段交往，并作《祭屈原文》《祭虞帝文》，借凭吊古代圣贤以抒发自己遭受忌疑而被放外任悲愤情怀。

426年，南北朝时期宋文帝刘义隆征颜延之为中书侍郎。颜延之在返京途中，又与张湘州相会，和他共登巴陵城楼，留下了"清氛霁岳阳，曾晖薄澜澳"的佳句，为后世所传颂。

这首诗是我国诗歌史上第一首咏岳阳楼的诗。全诗结构严谨，气势开阔，境界雄浑，寄托遥深，对后世相关题材的文学有较大影响。

在诗中，颜延之第一次将巴陵城称为岳阳，自此，"岳阳"两字便在历史上崭露头角。可是，这时的巴陵城楼还不叫岳阳楼，那时的人们认为楼建在西门城上，便称它为西楼；又因位于郡署的南面，有人称它为南楼；还因濒临洞庭湖，有人称它为洞庭楼或洞庭连天楼。

隋文帝时，废岳阳郡建巴州，519年，又将巴州改称岳州。

知识点滴

据山海经记载：四川有大蛇，曰巴蛇。按甲骨文考证，其实巴就是蛇，巴字上面的长方块原本是一椭圆中加一点，代表蛇头，下面的弯勾代表弯曲的蛇身。"巴蛇吞象，三岁而出其骨"，可见巴蛇非常大。

夏时后羿为民除害，上射十日，下杀洪水猛兽，去到四川追杀巴蛇，大蛇无路可走，即从巴峡穿巫峡，便下襄阳到岳阳，顺江而下逃至此处，本想猫进洞庭湖的宽阔水面以藏身，却不料后羿紧随而至，于此地斫杀。

死后蛇骨堆积如丘，此地也因此被称为"巴丘"，也就是岳阳楼的楼址。

神仙帮助木匠修建岳阳楼

我国的岳阳楼，自建成以后，经过了多次兴废，到唐代时，整座楼阁又重建了一次。

那是716年的事了。这一年，唐朝中书令张说被贬到岳州来当刺史。他到了岳州之后，愁眉紧皱，痛苦不堪。

有一天，他带着几个人出去巡视管辖区，顺便散散心，可是转了半天，也没找到个风景好的地方。

太阳快落山的时候，张说带着随从转到西门外湖边，看见前面有个圆形石台，上面建了个小亭阁，亭上挂着"阅兵台"匾额。

这个阅兵台是三国时期吴国大将鲁肃在洞庭湖操练水兵时修建的。张说登上阅兵台，远望无边无际的洞庭湖，顿时感到心胸开阔多了。

一个随从对张说说："老爷，这里既可登高望远，又可观赏湖光山色，如果在高处筑建楼阁，那该多好呀！"

张说听了，觉得有些道理，便打定主意，只等良辰吉日，动工建楼。第二天立即出榜，招聘名师巧匠，担任工程总管。

一天，从潭州来了一个青年木工，名叫李鲁班，自称擅长土木设计，无论什么亭阁楼台，宫殿庙宇，都能设计得尽善尽美。

　　张说便命他主管工程，限他一个月之内，画出一座三层、四角、五梯、六门、飞檐、斗拱、盔顶的楼阁图样来。

　　李鲁班成天躲在房子里，画了又画，算了又算，整整七七四十九天，纸样画了一大堆，不是绘成一座土地庙，就是画成一个过路亭。他累得满头大汗，还是没有画出一个令人满意的图样来。

　　这个时候，张说特别生气，认为李鲁班在说大话，就对他说："眼下工匠来了那么多，只等你的图了。你这是在耽误大家的时间啊！我再宽限你几天时间，到时候交不出来，绝不轻饶你！"

　　李鲁班吓出一身冷汗，想来想去，也想不出什么好办法来，一个人坐在洞庭湖边哭起来了。

　　木工、石匠见他哭得实在伤心，跑过去劝他说："你这个青年人，何必这么认真呢！不知道就不知道嘛，好好地在张大人面前认个错就是了。"

也有人说些风凉话："既然取名鲁班，就一定有鲁班的本领，设计一个小小楼阁算得了什么！"

李鲁班听了这些话，便诚恳地说："各位师傅，我在乡下也做了6年手艺，茅屋瓦房盖过百十来栋，真没有想到画个楼阁会有这么难呀。事到如今，只好请众乡亲帮帮忙，往后再重重地报答诸位。"

这时，有位白发老人从人群中走出来了，大家谁也不知道他叫什么名字，只知道两个月来，他每天都在工地上转来转去，问长问短。

白发老人对李鲁班说："我看真鲁班的技艺也是从小勤学苦练得来的，如果像你这样躲在房子里画图，是很难画出非常壮观的楼阁的。还要多向别的师傅学习呀！"

"看样子，您一定也是个木工师傅？"李鲁班恭恭敬敬地向老人说，"您老人家见多识广，请您多多指教！"

"我没有画过图，"老人说："只不过呢，我这里有些小玩意儿，你若喜欢，不妨拿去摆弄摆弄，或许会摆出一些名堂来的。"

　　说着，老人把背着的包袱打开，里面装的是一大堆长的、短的和圆的以及方的木坨坨，上面还编了号码，他随手往地上一摊，说："若是还差点什么的话，到连升客栈的楼上找我就是了。"

　　说完之后，白发老人头也不回地走了。

　　李鲁班抱起那堆木坨坨，蹲在工棚里苦思冥想，摆来弄去，竟连饭也顾不上吃了。

　　有个年轻木匠见他这样入迷，抓起几个木坨坨往草堆里一丢，说："哼，那个老汉疯疯癫癫的，说不定是个吹牛皮大王，我们真的相信他吗？"

　　旁边几个老木匠连忙说："年轻人还是谦虚一点的好，人家年纪那么大了，他过的桥，比你走的路还多！你凭什么说他吹牛皮呢？"

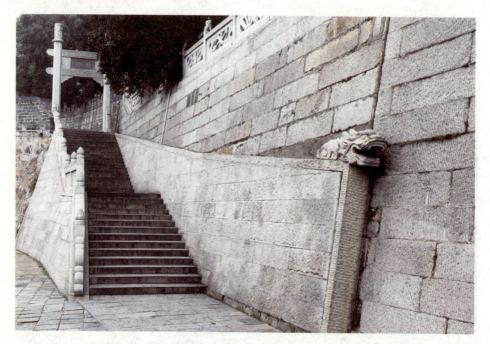

老木匠们陆续坐下来和李鲁班一起按着木坨坨上面的号码，慢慢地摆弄起来。他们摆了又摆，突然，大家高兴地齐声喊叫起来："快来看啊，一座漂亮的楼阁模样儿做好了！"

木匠们听到后，跑过来一看，果然是一座壮观的楼阁模型。

不一会儿，木匠们都围过了来，大家对此夸赞不已。可是看来看去，就是有个飞檐少了五个斗拱。大家按号码仔细查了一遍，整缺了五个木坨坨。

刚才那个丢木坨坨的青年木匠也跑来了，毫不在乎地说："整整一座楼阁的模样儿都做出来了，差这几个木坨坨愁什么！等我来做几个补上去就是了。"

哪知道他做了一天一夜，木头砍了百十块，就是没有一个合适的，不是长了半分，就是短了半分。这时，他才想起被自己丢掉的那几个木坨坨，很觉得过意不去，只好对大家说："实在对不起大家，只怪我太不懂事，那少了的木坨坨，就是先前被我丢掉的那几个。"

"丢在哪里了？快带我们去找回来。"大家齐声道。

"就在前面茅草堆里。"青年木匠领着大家在那一片野草丛里找来寻去。好不容易找出了四个，还有一个却怎么也找不出来，野草都拔光了，也不见木坨坨的影子。

就在这时，太守张说听说楼阁模型造好了，急忙赶过来一看，果然气派不凡。他高兴极了，连声称赞说："如此壮观、雄伟，真可谓天下第一楼矣！"

"启禀老爷，此楼模型还差一个飞檐斗拱。"

"此楼的模样出自何人之手？快快请来，并将斗拱补上。"

"禀老爷，是个白发老人，不知姓名，只知他住在连升客栈。"

太守张说领着大家急急忙忙奔到连升客栈，要找白发老人。

客栈老板娘听说这张太守亲自来找人，不知出了什么事，连忙慌慌张张跑了出来说："哎呀，这个白发老人进店两个多月了，白天从不在屋，夜间就在楼上又劈又锯地闹到半夜。我还以为他帮人家做家具，谁知道他只给那些孩子做些好玩的。"

"快快打开楼门，让我去看个究竟。"

张说急不可待的样子，把老板娘吓坏了，她连忙把楼门打开，让他查看。

张说上楼一看，没见老人的影子，只见床上摆着一张绘制得精致美观的楼阁图样，桌子上还有十几个木坨坨。老师傅们认真地翻了一阵，发现桌上正好有缺少的那个号码的木坨坨，连忙拿回去一摆，便构成一个完整无缺的楼阁模型了。

大家拍手大笑起来："这才是真鲁班来了，大家一定要把他找到。"

可是谁也不知道他到什么地方去了，张说连忙派人到岳州城内城外四处查访。头天没找到，第二天还是没影子。

直至第三天清早，忽然有人前来报信，说有个白发老人在湖滩上用石头砌了一个拱洞，又在拱洞上面砌房子。

张说听了，领着几个人连忙赶到湖滩。可是那个白发老人又不见了。只见那石头砌成的拱洞上面，架起了一个非常美丽壮观的楼阁。

张说指着湖滩上的楼阁模型，赞叹道："此人才智非凡！用拱洞作楼基可算别具一格。这真是得天之助也！"

他抬头一看，只见一个白发老人，手握一把尺子，正在对面高坡上丈量土地。

张说连忙问众人："前面可是……"

李鲁班高兴地叫喊起来："正是他，正是那位老师傅呀！"

张说忙赶上前去，一边行礼一边说："久仰师傅技艺超群，今日得见，真是三生有幸，敢问师傅莫不是姓鲁？"

白发老人连连摇头说："我不姓鲁，而姓卢，鲁班是我的师傅。"

"令师今在何处？请求指点，下官有事求见。"

白发老人指着前面许多木工、泥匠说："你看他正在那里向老师傅们请教哩！"

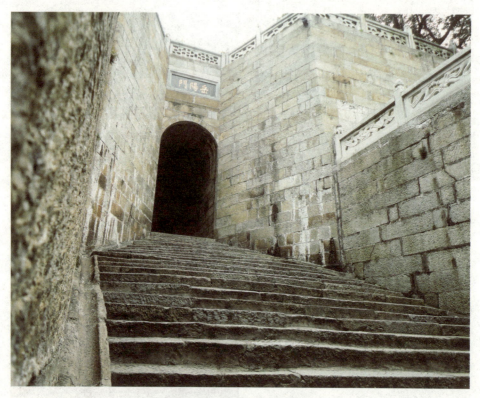

众人顺着他手指的方向看去，果然有个异样的老人，兴致勃勃地正在和工匠们谈论着什么。

张说领着大家赶过去一看，那些正忙着做事的木工泥匠，仿佛人人都像刚才看见的那个卢师傅，但又分不清哪个是真正的鲁班。

当他们回头再去找那个卢姓师傅时，只见地上留下一把尺子，上面清清楚楚刻了"鲁班尺"三个字。

张说急忙登上当年鲁肃的阅兵台，面对八百里洞庭湖水高声呼喊着："鲁班师傅，请你再来呦！"

湖面上顿时远远近近响起一片"来呦……来呦……"的回声。

这时，西边天上，红霞万朵，仿佛一个白发老人，乘着一只白鹤，在水天尽头飞升而去。

　　木工、泥匠师傅们按照那白发老人设计的式样终于造成了楼阁，并以西城门拱洞作为楼基。

　　人们把三层飞檐拱取名为"鲁班门"。由于这个楼阁位于岳山之阳，所以称它为"岳阳楼"。

　　此座楼阁为四柱三层，飞檐、盔顶、纯木结构，楼中四柱高耸，楼顶雕梁画栋，金碧辉煌，远远望去，恰似一只凌空欲飞的鲲鹏。

　　其建筑的另一特色，是楼顶的形状酷似一顶将军头盔，既雄伟非同一般。

　　飞檐盔顶纯木结构。楼顶承托在玲珑剔透的如意斗拱上，曲线流畅，陡而复翘，为我国历史古建筑中独一无二的，很具有建筑特色。

　　此外，岳阳楼的从历代传世的《岳阳楼图》和后来的保持着清代原构史迹的岳阳楼建筑来看，其雕饰整体显示出以灵秀为主的江南雕饰艺术的特征。

楚地气象万千的自然风物与人文精神，使岳阳楼雕饰获得了丰富的滋养。可以说，岳阳楼雕饰兼容了雄健与清秀、硕实与空灵、粗犷与细腻的审美特征。

知识点滴

　　相传，在重修岳阳楼时，正遇上大寒潮，天气格外寒冷，当地的蔬菜都全部冻死了。那些修楼的木匠吃不上新鲜的蔬菜，个个显得面黄肌瘦，眼睛都看不清东西。

　　于是，有几个胆大的工匠，就到湖里去捞鱼虾，好给修楼的师傅们下饭。可是，他们在冰冷的湖水里忙了大半天，连一条小鱼都没捞到。

　　工匠们正要回去，忽然来了一位白发老人，抱着一大堆刨木花。他抓起一把往湖里一撒，口中还念道："刨木花，刨木花，快变鲜鱼莫变虾。今日捉捞十几斤，往后滋养千万家。"

　　老人刚念完这个咒语，只见他撒入湖里的刨木便立即变成了许多小鱼。不过，这些鱼都没有眼睛和鳞片。

　　于是，老人又从袋里取出墨斗，用墨汁拌了滩上泥沙，抓起一把黑砂，对着湖面上的鱼群撒下去。这样，那些小鱼立即又有了鱼鳞和眼睛。

　　工匠们赶紧把这些鱼儿捞回去给修楼的师傅们充饥。师傅们有了小鱼充饥，他们的体力逐渐恢复，也有力气干活了，很快便建成了一座壮观的楼阁。

历代官员对楼阁的维修

　　岳阳楼自建好后就多灾多难，历史上有据可查的重修就达32次之多。除张说，滕子京重修外，据史料记载，1078年又遭大火，楼被大火烧毁，楼内的"四绝雕屏"毁于一旦。

1079年，代理郡守郑民瞻又重修了岳阳楼，他作记并赋诗抒怀：

遍历江山只此楼，名传自古又今修。

却观湘水浮新景，重对君山说旧游。

风月依然如故友，轩窗今复冠南州。

远追张相滕侯迹，幸蹑前观状胜游。

1129年，岳州发生大火，岳阳楼受损。1138年，当时的岳州知州重新修整了岳阳楼。1178年，诗人陆游路经岳州，写有《登岳阳楼》等诗。1224年6月下旬，岳州连遭火灾，岳阳楼毁于火，不久被修复。

元朝时，时任岳州官员李应春在至元年间曾重修岳阳楼。这一时期的岳阳楼是一座两层三檐的建筑。在元朝，中原地区是来自草原的蒙古族所统治，所以，元代的岳阳楼就带有一些蒙古族的风格特点。

1426到1438年间，明威将军、岳州卫指挥金事刘彦真整修岳阳楼。至此以后，岳州知府易善编刻《岳阳楼诗集》。

1506年，岳州知府刘焕重刻"四绝碑"。明嘉靖二年（1523年），岳州知府韩士英重修岳阳楼，编刻《岳阳楼诗集》，徐文华作《岳阳楼诗集序》。

后来，岳州遭遇暴雨，大水成灾，岳阳楼楼柱被雷击破，楼体下半部分被水浸泡，看上去似乎有倒塌趋势，失去了昔日的美观。

1567年，岳州知府李是渐修缮城墙，并重修了岳阳楼。后在《三才图绘》中写道：

岳阳楼，其制三层，四面突轩，状如十字，面各二溜水。今制，架楼二层，高四丈五尺。

1639年，岳阳楼又一次毁于战火。岳州府推官陶宗孔于第二年重建岳阳楼。

明代的岳阳楼是非常有特色的，它是一个六边形的建筑，花纹装饰特别繁杂，上面还铸有宝顶，带有非常浓厚的宗教色彩。

明朝的开国皇帝朱元璋在当皇帝之前，曾在皇觉寺当过一段时间和尚。他当上皇帝后，非常推崇宗教文化。所以，明代的岳阳楼就富有浓厚的宗教色彩。

至清朝时，岳阳楼又经历多次重修。1683年春，岳州知府李遇时、巴陵知县赵士珩倡捐重建岳阳楼，另加修楼右侧的净土庵，楼左侧的仙梅亭。楼修复后，当时的名士李遇时、杨柱朝还写下了《重修岳阳楼记》。

1740年，当时的湖广总督拨银6000多两，修缮岳州府城垣及岳阳楼。岳州知府田尔易、巴陵知县张世芳兴工重修岳阳楼及城垣，并于第二年完工。

重建的岳阳楼一共三层，楼右侧建有客栈。黄凝道在任岳州知府期间，对岳阳楼再次进行修葺，并捐资修建客栈前厅。

1743年，岳州知府黄凝道请刑部尚书张照书写范仲淹的《岳阳楼记》，勒于楼屏。张照，江苏华彦人，官至刑部尚书，清乾隆时著名宫廷书家。

当时，岳州新任知府黄凝道对岳阳楼进行了维修，工程竣工后，想找一个大书法家书写《岳阳楼记》雕屏。

黄凝道偶然听说因书法独具一格，被乾隆皇帝钦点为探花的张照解运粮草经过岳州，因张照恃才傲物，黄凝道担心他不肯留墨，便亲自去洞庭庙烧香，求洞庭王爷保佑到时湖上刮三天三夜大风，让张照的船过不了湖。

第三天，张照的船队到达岳州，船一靠岸，张照便对黄凝道说：皇命在身，登楼解愿即走。

黄凝道非常失望，传说，张照登完楼正要离去，突然狂风四起，乌云翻滚。张照没办法，只好歇下来。黄凝道乘机求墨，张照只得接过笔墨纸砚。刚一书完，洞庭湖上已是雨过天晴，此时，张照就告别了黄凝道乘舟离去。

张照所书写的《岳阳楼记》雕屏就悬在岳阳楼的二楼，以供人们观赏。雕屏由12块巨大紫檀木拼成，文章、书法、刻工、木料全属珍品，人称"四绝"。

1774年，岳州知府兰第锡、巴陵知县熊懋奖请求修葺府城。经湖南巡抚梁国治、按察使敦福、布政使农起等先后具奏，共拨帑银69820两，修葺府城垣及岳阳楼、文星阁。

1775年，巴陵知县熊懋奖承修岳阳楼，并于楼右侧建望仙阁，于楼左侧重建仙梅亭。后来，岳州代理知府翟声诰修葺岳阳楼，并修建了斗姆阁。教谕王可权于仙梅亭在左新建宸翰亭，摹勒"印心石屋"字碑置于亭内。

1867年，曾国荃拨岳州的卡厘税重修岳阳楼。将斗姆阁改建为三醉亭。修复经

亭，何绍基书"留仙亭"字匾，悬于亭额。后来，岳州知府张德容在劝捐整修岳阳楼的同时，下令重修了宸翰亭。

1880年，岳州知府张德容又重建岳阳楼，将楼址东移近20米。同时，重新修建了仙梅亭、三醉亭，加固湖边驳岸及城上雉堞。于正月动工，12月竣工。

岳阳楼虽然数遭水患兵燹，屡圮屡修，但最终还是确定了其形制，保留了文化价值。

知识点滴

在后来的岳阳楼内，《岳阳楼记》的雕屏一共有两个，这是为什么呢？

在清道光年间，岳阳来了个姓吴的知县，他一上任就看中了《岳阳楼记》雕屏，便贿赂民间艺雕高手，仿制雕屏赝品。

两年后，吴知县趁调离岳阳楼之机，偷梁换柱，携带雕屏真迹出逃了。船行至青草湖时，狂风大作，吴知县一家葬身鱼腹，雕屏沉入湖中。那个赝品，因做工精巧，谁也没有发觉。

后来，湖干水浅，《岳阳楼记》雕屏真迹才被渔民发现，打捞上来，不慎将第八块板上"歌互"两字和第十块板上"乐"字损坏了。当地文士吴敏树用120两银子从渔民手中将雕屏购回，花了3年时间临摹张照手迹，才补上被损的三个字。

又经过了很多年，《岳阳楼记》雕屏真迹终于完整地回到了岳阳楼。但是，由于岳阳楼内一楼的门厅内已经有了一副雕屏，人们便将这幅真迹放在了楼阁的第二层。

重修以后的岳阳楼全貌

　　在1700余年的历史中，岳阳楼屡修屡毁又屡毁屡修。后来的岳阳楼，是在1880年重建的岳阳楼基础上进行整修的。

　　在这次的修整中，人们还同时修建了周围的南极潇湘、北通巫峡、朝晖夕阴、气象万千四座牌坊，刷新了怀甫亭、三醉亭、仙梅亭等古迹。

为此，修复后的岳阳楼保存了清朝的式样和大部分的建筑构件。岳阳楼的建筑构制独特，风格奇异。气势之壮阔，构制之雄伟，堪称江南名楼。

岳阳楼坐东向西，面临洞庭湖，遥见君山。楼平面呈矩形，正面三间，周围廊，三层三檐，主楼高21.35米，台基以花岗岩围砌而成，平面呈长方形，台基宽度为宽17.2米，进深15.6米，占地251平方米。

在建筑风格上，前人将其归纳为木制、四柱、三层、飞檐、斗拱、盔顶。

岳阳楼是纯木结构，整座建筑没用一钉一铆。如此雄伟的楼阁，仅靠木制构件的彼此勾连，既要承接无数游人的重量，又要经受岁月的剥蚀，这样精湛的建筑工艺，实在让人叹为观止。

"四柱"指的是岳阳楼的基本构架，首先承重的主柱是四根巨大的楠木，这四根楠木被称为通天柱，从一楼直抵三楼。

岳阳楼的柱子除四根通天柱外，其他的柱子也都是四的倍数。其中廊柱有12根，主要对二楼起支撑作用，再用32根梓木檐柱，顶起飞檐。这些木柱彼此牵制，结为整体，既增加了楼的美感，又使整个建筑更加坚固。

岳阳楼的三层楼采用如意斗拱承担楼顶，全楼纯木质结构，榫卯契合，十分坚固耐久。

"斗拱"是我国建筑中特有的结构，由于古代建筑中房檐挑出很长，斗拱的基本功能就是对挑出的屋檐进行承托。这种方木块叫作"斗"，托着斗的木条叫作"拱"，二者合称斗拱。

岳阳楼的斗拱结构复杂，工艺精美，几非人之力所能及，当地人传说是鲁班亲手制造的。斗拱承托的就是岳阳楼的飞檐，岳阳楼三层建筑均有飞檐，叠加的飞檐形成了一种张扬的气势，仿佛八百里洞庭尽在掌握之中。

岳阳楼第一层有三大间，有檐廊而无廊柱，挑檐宽大，至檐角部分，又向上挑起与柱脊平齐。第二层也是三大间，有回廊并安设栏杆，檐角仍然向上挑承与屋檐子挑角相仿。

第三层则为三小间，相当于一二层的一间半，檐下使用斗拱作为盔顶，檐角部仍然向上挑起与下两层相仿，只是脊部有弧线、曲线，正脊中心还安设了脊刹。

岳阳楼三层的飞檐与楼顶结为一体，形成层叠相衬的"如意斗拱"托举而成的盔顶式，这种拱而复翘的古代将军头盔式的顶式结构在我国古代建筑史上是独一无二的。

楼顶檐牙啄，金碧辉煌，远远而望，恰似一只凌空欲飞的鲲鹏。顶部和飞檐是琉璃黄瓦，门窗土红，柱则朱红，配色协调，又与蓝天碧水交相辉映。乘船在洞庭湖中仰望，岳阳楼恰似一幅彩帐挂于云天，堂皇富丽。

岳阳楼除了主楼外，在它的南北侧和院内还建有仙梅亭、三醉亭和怀甫亭等辅亭，它们也跟岳阳楼一样，具有各自不同的建筑特色。

其中，仙梅亭位于岳阳楼南侧，为岳阳楼主楼辅亭之一，与三醉亭相对应。仙梅亭是一座呈六角形，二层三檐，檐角高翘，纯木结构，玲珑雅致的小亭。亭子占地面积44平方米，高7米。上盖绿色琉璃筒瓦，状如出水碧荷。

仙梅亭初建于明朝崇祯年间。当时，推官陶宗孔重建岳阳楼时，于楼基沙石中得石一方，去其泥水，显出二十四萼枯梅一枝，时人以为神物，称之"仙梅"，乃建亭，置石其中，名"仙梅堂"。

1775年，岳州知县熊懋奖重建岳阳楼时，在遗址上复建其亭，同时改仙梅堂为仙梅亭。

1867年，由总督曾国荃拨卡厘税对岳阳楼全面重修时，仙梅亭也得到了一次大的修葺，并将仙梅亭改为留仙亭。时隔不久，1880年，知府张德容在重建岳阳楼时，又将留仙亭复改为仙梅亭。

有关仙梅亭传说很多且说法不一，真正以文详细记载还是仙梅亭中竖立的那块青石板。青石板的一面是知县熊懋奖维修岳阳楼时，请画工临摹的一幅梅花图，另一面是他亲自着文记载其事的刻碑。

现在亭台是人们按古代的原貌重修的，亭高9米，二层二檐木结构，亭顶覆盖绿色琉璃瓦。亭旁栽有松、竹、梅"岁寒三友"，与"仙梅"虚实相映，予人以丰富想象。清人花湛露《书仙梅亭》中曾有"坚贞一片不可转，此是江南第一枝"诗句赞美该亭。

三醉亭位于岳阳楼北侧，是供奉吕洞宾的地方，与岳阳楼南侧的仙梅亭遥相呼应，据光绪《巴陵县志》记载：三醉亭最开始建于清乾隆年间的1775年初，清道光年间的1839年，岳州知府翟声浩重修岳阳楼，在望仙阁的旧址上，重建了这座小楼阁，并改名为斗姆阁。

1867年，湘军主要将领之一曾国荃根据吕洞宾三醉岳阳楼的故事，改斗姆阁为三醉亭。

吕洞宾是民间传说中的八仙之一，他曾两次投考进士都名落孙山，后来看破红尘，不再走读书做官的路，而去四处云游。后来，吕洞宾在庐山遇汉钟离，汉钟离传他剑术和长生不老的秘诀，成了仙。

成仙后，吕洞宾施药救人、广行善事，深受人们敬重，加之他被元朝皇帝封为"孚佑帝君"，是道教北五祖之一，岳阳楼才盖上了封建时代帝王专用的黄色琉璃瓦，作为吕仙的停云地。

　　三醉亭，因传说中的吕洞宾三醉岳阳楼而得名。据《辞海》中记载，吕洞宾的神话传说，大概最早起于北宋岳州一带。

　　相传，吕洞宾三次到岳阳楼，为这里的山、水和美酒所迷，每次都喝得大醉。在大醉后，吕洞宾还在此楼阁上留下两首诗，其中一首诗写道：

独自行来独自坐，无限世人不识我。

只有城南老树精，分明知道神仙过。

　　后来，吕洞宾在岳阳楼醉酒和留诗的事很快传遍全城。为了纪念诗酒仙人，人们在岳阳楼旁修建了这座"三醉亭"。

三醉亭是一座仿宋建筑的方亭，为岳阳楼主楼辅亭之一。它占地面积为135.7平方米，高9米，为二层二檐，顶为歇山式，红柱碧瓦，门窗雕花精细，藻井彩绘鲜艳，外形装饰华丽、庄重。

三醉亭也和岳阳楼一样属纯木结构，门上雕有回纹窗棂，并饰有各种带有传奇故事的刻花。一楼楼屏上是由岳阳楼管理处殷本崇绘制的吕洞宾卧像，作者把吕洞宾飘逸的神态，潇洒的风度表现得淋漓尽致。画上并有吕洞宾所作的一首七绝诗：

朝游北越暮苍梧，袖里青蛇胆气粗。
三醉岳阳人不识，朗吟飞过洞庭湖。

怀甫亭坐落在岳阳楼院内临湖的五坪台，经岳阳门沿石级而下，至点将台往南100米的地方。

怀甫亭建于1962年，唐朝伟大的诗人杜甫诞辰1250周年之际。当时，杜甫被定为四大文化名人之一，为了怀念这位忧国忧民的"诗圣"，岳阳人民便在杜甫晚年活动过的地方建了这座小亭，命名为"怀甫亭"。

怀甫亭是一座玲珑典雅，坐南朝北的方形小亭。它占地40平方米，高7米，四根大柱，四周环以栏杆。小亭上部为纯木结构，翘首脊饰精美，藻井彩绘鲜艳。亭中竖有石碑一方，正面刻着杜甫的画像和《登岳阳楼》诗，背面刻着他的生平事迹。

怀甫亭北面檐下悬挂着一块写着"怀甫亭"3个大字的樟木匾额。在怀甫亭西亭柱上挂着一副对联：舟系洞庭，世上疮痍空有泪；魂归洛水，人间改换已无诗。

此联表达了对杜甫一生的遭遇十分惋惜和无限怀念之情。

据史料记载，杜甫晚年曾由四川乘舟进入洞庭，流落寄居在岳州。当时，杜甫已穷困潦倒，家贫如洗，只有一叶孤舟伴随着他孤独身漂流江湖。杜甫来到岳阳后，登上岳阳楼，百感交集写下了许多首感人的诗篇。

其中，杜甫的《登岳阳楼》一诗，寥寥40个字，既写出了洞庭湖和岳阳楼的雄伟壮观，也道出了自己的悲惨遭遇和对国事的忧虑。杜甫透过诗歌所表表露出来的忧国忧民之心，感人肺腑，撼人心魄。

在岳阳楼下的沙滩上，有三具枷锁形状的铁制物品，重达750千克，也吸引不少游人观看。其用途为何，一直说法不一。

岳阳楼是江南三大名楼中唯一保持原貌的古建筑，它的建筑艺术价值无与伦比。

知识点滴

岳阳楼在1880年最后一次修成后，到新中国成立前，楼身已经破旧不堪。

新中国成立后，党和政府对岳阳楼极为珍视，人民政府多次拨款对岳阳楼进行了维修，还修建了怀甫亭、碑廊，重建了三醉亭和仙梅亭等古迹。

1983年，国务院拨专款对岳阳楼进行了为期一年半的以"整旧如旧"为宗旨的落架大修，把已腐朽的构件按原件复制更新。

1984年5月1日，岳阳楼大修竣工并对外开放。

为此，我们现在看到的岳阳楼便是新中国成立后修复的建筑。

黄鹤楼

　　黄鹤楼位于我国湖北武昌蛇山，与湖南的岳阳楼、江西的滕王阁一道并称为我国江南三大名楼。并以其独特的地理位置和深厚的人文背景雄居于三大名楼之首，有"天下江山第一楼"的美誉。

　　黄鹤楼始建于223年，开始是三国时的吴国出于军事目的在此建军事瞭望台，50多年后，吴为晋所灭，失去了作为军事目的作用，成为人们登监游憩的场所。

　　历史上，黄鹤楼屡毁屡建，仅清代就遭到三次火灾，最后一次重建于清同治年间。

因神话传说而得名的楼阁

　　很久以前，在我国湖北武汉武昌的黄鹄山上，有一个姓辛的人，他以卖酒为生，并在黄鹄山上开了一家很小的酒店。

　　一天，有一个身材魁伟，但衣衫褴褛的老道来到酒店，向辛氏讨酒喝。辛氏的生意虽本小利微，但他为人忠厚善良、乐善好施，他见这位老道非常可怜，就慷慨地为他盛了一大碗酒。

哪想到，这位老道喝了酒，并不付给辛氏酒钱。不过辛氏又是个心软之人，他并没有一定要道士付钱。

这天以后，这位老道每天都来辛氏的店里要酒喝，而辛氏则总是有求必应。

如此过了半年，辛氏并不因为这位客人付不出酒钱而显露厌倦的神色，依然每天请这位客人喝酒。

有一天，这位老道突然来向辛氏告别，他告诉辛氏说："我欠了你很多酒钱，没有办法还你。但我有一件礼物送给你！"说着，他从篮子里拿出橘子皮，画了一只鹤在墙上，因为橘皮是黄色的，所以，画的这只鹤也呈黄色。

画完后，老道对辛氏说："只要你拍手相招，黄鹤便会跳舞，为酒客助兴。"说完后，老道不见了。

老道走后，辛氏拍手一试，墙上黄鹤果然一跃而下，跳起舞来。

酒店内有此神奇的鹤的消息很快传开后，辛氏酒店吸引了很多人前来观看黄鹤起舞。从此，辛氏酒店的生意越来越好，辛氏也因此发财。

10年后的一天，老道又出现在辛氏的酒店，他取下铁笛，对着墙上的黄鹤吹起一只奇妙的曲调，黄鹤闻声而下，载着老道飞走了，从此再也没有回来。

　　辛氏为了纪念老道和仙鹤，便将自己多年积攒的钱拿出来，在酒店旁盖起了一座高楼，起初，人们称之为"辛氏楼"，后来便称为"黄鹤楼"。

　　但是，神话毕竟是神话，其实，黄鹤楼的真正来历，是在三国时期，东吴出于军事上的需要，于223年修建的。在唐代《元和郡县图志》中有这样的记载：

　　　　孙权始筑夏口故城，城西临大江，江南角因矶为楼，名黄鹤楼。

由此可见，黄鹤楼最初是为了军事目地而兴建的。当时，这座著名的楼阁修建在形势险要的夏口城，也就是后来的武昌城西南面朝长江处。

不过，尽管如此，人们还是习惯相信仙鹤神话的故事。为此，后人们在重建的黄鹤楼的第一层建筑中，还专门以仙鹤的故事为前提，制作了一幅高9米，宽6米的大型彩色瓷壁画《白云黄鹤图》。

这幅壁画由756块彩陶板镶嵌而成。画面上黄鹤楼居中矗立，上有黄鹤飞舞，下有郁郁山林和滚滚波涛，悠悠白云，在水天之间，产生了一种"水从天上降，云从脚下升"的意境。

有一位仙人驾着黄鹤云端，他口吹玉笛，俯视人间，似有恋恋不舍之情。底下是黄鹤楼前聚集的百姓们，他们或把酒吟诗，或载歌载舞。整个画面表现出一派黄鹤归来的欢乐景象，洋溢着神奇而浪漫的气氛。此外，黄鹤楼的下面还盛开了许多梅花。

那么，黄鹤楼到底是因为仙鹤而命名，还是其他原因呢？

关于这个疑问，人们则认为，它因山得名的真实性最大。

因为黄鹤楼所在的蛇山，是由东西排列而首尾相连的七座山组成。自西而东为黄鹄山、殷家山、黄龙山、高观山、大观山、棋盘山、西山，全长2000余米，因其形同伏蛇，故名蛇山。

黄鹤楼建在黄鹄山顶，在古汉语中，"鹄""鹤"两字同音，故又名黄鹤山，黄鹤山上的楼阁，当然就叫黄鹤楼了。

知识点滴

关于黄鹤楼的来历，还有另一个版本的神话故事：

相传，一位仙人化作凡人在黄鹤楼中饮酒，不料仙人袋中银两不多，但店主并没有深究。仙人感谢店家的大度，就在墙上画了一只鹤。

并告诉店主，为了报答店主留下一只黄鹤，店主只需拍手四下，黄鹤便可在空中起舞供大家娱乐，但是，必须切记，黄鹤只为大家而舞。说完，仙人离去。

店家按仙人的留下方法一试，黄鹤果然起舞，大家赞叹不已。有一大官闻讯，包下整个地方，命令店家让黄鹤起舞。无奈之下，店家拍手四下，黄鹤从墙上浮现出来，步履沉重。

接着，金光一现，店家看见当年那位仙人出现了，仙人说道："黄鹤起舞，不能只为独乐。"

说完，乘云离去，黄鹤也跟随之离去。

三国时期军事活动的重地

据说，黄鹤楼最初是作为军事瞭望和指挥之用的军事性质的楼阁而修建的。此楼阁建成时，正是三国赤壁之战以后。此楼作为军事用途的说法源自一则"黄鹤楼设宴"的故事：

当时，刘备久借东吴君主孙权的荆州不还。周瑜便在黄鹤楼上摆酒设宴，特邀刘备赴宴，想乘机扣下刘备，逼他写下交还荆州的文书。

刘备知道有诈，不敢接受邀请，但拒绝赴宴又会被周瑜抓住把柄而挑起冲突，荆州仍旧保不住。

正在左右为难之时，刘备的军师诸葛亮当即回复来使：届时赴宴。临行前，诸葛亮派刘备的大将赵云一人护送并给竹节一枝，嘱其危难之时打开。

刘备带着赵云去黄鹤楼赴宴时，在宴会中间，周瑜借故下楼，派兵将黄鹤楼围住，并通知刘备交还荆州；又吩咐守候在黄鹤楼下的手下说："若无本督令箭，不得放走刘备……"。

周瑜喜滋滋地想着：子龙性命在我手，刘备难下黄鹤楼。然后回到军帐中静候佳音。

这时，刘备焦急万分，赵云想起诸葛亮给自己的竹节，打开一看，竟是周瑜的令箭一支。两人忙持令箭混下楼来，逃回营寨。

原来，这支令箭是诸葛亮"草船借箭"时领下的，趁周瑜一时疏忽带走了，在这关键时刻发挥了作用。这则有趣的故事，从元代起，就登上了我们民间舞台，一直流传着。

后来，人们为了纪念三国时始建黄鹤楼事件以及"黄鹤楼设宴"的故事，便在重建的黄鹤楼二楼大厅内，绘制了两幅《周瑜设宴》和《孙权筑城》的大型壁画。

其中，《周瑜设宴》便是以壁画的方式讲述的前面那个有趣的故事，这个故事反映了黄鹤楼在建成最初的活动情形。

而《孙权筑城》壁画

则是再现了1700多年前的三国时期孙权筑城和始建黄鹤楼的历史场面。

这幅画由上下四个层次构成。孙权大将吕蒙用计杀了关羽，刘备急于报杀弟之仇，亲自率军南下。当时孙权也知这一仗必打不可，所以第一层是"士兵出征"描写三国作战的情景；第二层是"孙权审定计划"；第三层是始建黄鹤楼的场面，表现出工匠们为筑城建楼进行艰苦的劳动；第四层是士兵执戈监督着工匠的劳动。

这整幅画反映了当时黄鹤楼是作为军事瞭望和指挥之用的。这些有趣的故事和后人们制作的壁画，进一步说明了黄鹤楼始建时期和它最初兴建的军事目的。

"黄鹤楼设宴"的故事，与建成这座阁楼的时间有冲突。因为，据有关资料来看，在黄鹤楼还没有修建时，吴国大将周瑜便已经逝世了，因此可以断定这个故事是古人虚构的。

但尽管如此，从元朝起，这则故事便被搬上了我国的戏剧舞台，并一直成为我国人民喜欢的古装戏剧。

唐代诗人到楼阁题诗作赋

　　223年，黄鹤楼建成时，只是夏口城一角瞭望守戍的"军事楼"，晋灭东吴以后，三国归于一统，该楼在失去其军事价值的同时，随着江夏城的发展，这座楼阁逐步演变成为官商行旅"游必于是""宴必于是"的观赏楼。

从唐代起，历代名人如崔颢、李白、白居易、贾岛、夏竦、陆游等都曾先后到这里吟诗作赋。

唐代诗人崔颢登上黄鹤楼赏景时，便写下了一首千古流传的七律名作《黄鹤楼》：

> 昔人已乘黄鹤去，此地空余黄鹤楼。
> 黄鹤一去不复返，白云千载空悠悠。
> 晴川历历汉阳树，芳草萋萋鹦鹉洲。
> 日暮乡关何处是，烟波江上使人愁。

崔颢是唐代开元时期的进士，他一生郁郁不得志，曾经有入道的念头。他早年诗多写闺情，后赴边塞，诗风转为慷慨豪迈，他这首诗，由神话传说写到现实感受，文词流畅，景色明丽，虽有乡愁却不颓唐，被后世公认为题咏黄鹤楼的第一名篇。

后来，人们为了纪念这位诗人，在后来建成的黄鹤楼景区内的奇石馆内，还刻了一块以崔颢题诗为主题的浮雕石照壁，非常精美。

当然，唐代著名诗人非常多，与黄鹤楼有关的还有不少，除了崔颢为黄鹤楼作诗，唐代著名诗人李白也为此楼作了一些佳作。

传说，那是崔颢为黄鹤楼作诗后不久，一天，李白带着书童登上黄鹤楼后开怀畅饮，诗兴大发。书童指着楼内迎门光的最大的一面粉墙对李白说："先生，我觉得，您的诗题在那上面最合适。"

李白兴冲冲地走过去，刚提笔，突然看到了此门上还留着崔颢写下的《黄鹤楼》。

李白读完崔颢的诗，顿时觉得这首诗写出了连他自己也无法表达的感情，自愧不如，在崔颢的题诗旁边，作了一首打油诗：

一拳打碎黄鹤楼，一脚踢翻鹦鹉洲，

眼前有景道不得，崔颢题诗在上头。

李白写完，搁下笔后怅然而去。

"崔颢题诗李白搁笔"的故事后来被人们传为佳话，黄鹤楼也因此名气大盛。

因为有了这则故事，虽然那座题写了这两首诗文的黄鹤楼在后来被毁，但人们又在黄鹤楼的旁边，修建了一座亭子，并为这座亭子取了一个有趣的名字，名为"搁笔亭"。

在这座亭子入口正门上，挂着一块写有"搁笔亭"的匾额。在入口处的亭柱上，还写有一副对联：

楼未起时原有鹤；
笔从搁后更无诗。

　　再说李白为黄鹤楼题诗后的第二年春天，李白在黄鹤楼送好友孟浩然去广陵时，又作了一首《送孟浩然之广陵》的诗：

故人西辞黄鹤楼，烟花三月下扬州。
孤帆远影碧空尽，唯见长江天际流。

　　由于这首诗句中饱含了李白对好友的真挚情感，又写出长江浩浩荡荡的气势，所以后来，人们认为，崔颢和李白在为黄鹤楼作诗的过程中，两人"打"了个平手，于是，这两首诗都成为了我国唐诗中的著名诗篇。不仅如此，后来，李白还为这一著名建筑写下了的《与史郎中钦听黄鹤楼上吹笛》：

> 一为迁客去长沙，西望长安不见家。
> 黄鹤楼中吹玉笛，江城五月落梅花。

这首诗不仅让黄鹤楼更加出名，更是为武汉"江城"的美誉奠定了基础。

在唐代，除了崔颢和李白为黄鹤楼写过诗，还有杜牧、白居易、王维和刘禹锡等人，也为这座著名的建筑写过诗。其中，杜牧写道：

> 黄鹤楼前春水阔，一杯还忆故人无。

王维写道：

城下沧江水，江边黄鹤楼。

朱阑将粉堞，江水映悠悠。

这些诗文分别被刻写在当时黄鹤楼的门柱、大厅和墙壁上。不过，后来这些古老的墨宝都在黄鹤楼被毁时一起被毁，但这些诗歌却被人们记录在古籍中，一直流传。

同时，后人们为了纪念这些古人为黄鹤楼留下的诗文，在以后建成的黄鹤楼内，还制作了一组陶版瓷画，名为《人文荟萃》。

这是三幅连成的长卷绣像画，再现了历代文人墨客来黄鹤楼吟诗作赋的情景，上面分别画着唐宋时期13位著名诗人的形象和他们为黄鹤楼所作的诗句。

其中，第二幅和第三幅画，画的便是唐朝的贾岛、顾况、宋之问、崔颢、李白、孟浩然和王维，以及刘禹锡、白居易和杜牧等10位诗人。

这里的刘禹锡是唐朝中期的诗人，也是著名的思想家，他常用比兴的手法寄托自己的政治抱负，著名的《陋室铭》便是他所作，他为黄鹤楼作诗时，正是他怀才不遇之时。

当年，在白居易为黄鹤楼写诗的时候，正好是此楼被烧毁的时候，同时也是白居易被贬到此时。在这两种心情下，这位著名的诗人写下了一首颇为萧条的诗：

江边黄鹤古时楼，

劳置华筵待我游。

楚思渺茫去水冷，

商声清脆管弦秋。

那么，这些诗人笔下的唐代时的黄鹤楼到底是什么样子的呢？唐代大文豪阎伯理在《黄鹤楼记》清楚地记载了唐代黄鹤楼的地理位置、命名的由来，以及黄鹤楼巍峨高大的景物描写，和他登楼的所感，原文为：

州城西南隅，有黄鹤楼者，图经云："费祎登仙，尝驾黄鹤返憩于此，遂以名楼。"事列《神仙》之传，迹存《述异》之志。观其耸构巍峨，高标巃嵸，上倚河汉，下临江流；重檐翼馆，四闼霞敞；坐窥井邑，俯拍云烟：亦荆吴形胜之最也。何必瀍乡九柱、东阳八咏，乃可赏观时物、会集灵仙者哉。

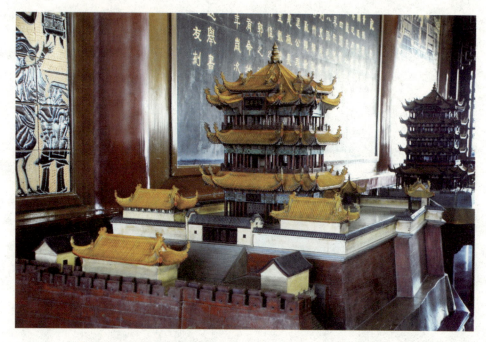

刺使兼侍御史、淮西租庸使、荆岳沔等州都团练使、河南穆公名宁，下车而乱绳皆理，发号而庶政其凝。或逶迤退公，或登车送远，游必于是，宴必于是。极长川之浩浩，见众山之累累。王室载怀，思仲宣之能赋；仙踪可揖，嘉叔伟之芳尘。乃喟然曰："黄鹤来时，歌城郭之并是；浮云一去，惜人世之俱非。"有命抽毫，纪兹贞石。

时皇唐永泰元年，岁次大荒落，月孟夏，日庚寅也。

阎伯理的这首《黄鹤楼记》后来被人们刻写在重建黄鹤楼第二层大厅内正中央的墙壁上，这是唐代诗人中对黄鹤楼描写得最全面的一篇，它偏重于写实景，非常珍贵。

根据这首诗文的描写，以及古人留下的书籍，后来，人们又在重建的黄鹤楼中，制作了一个唐代黄鹤楼的模型。

这是一座楼与城相连，纵横轴对称将建筑物置身于城墙之内，颇有北京四合院味道的建筑群。此楼阁的颜色是以绿色为主，红黄色为次，这种色调搭配以及唐楼中轴线对称的结构布局，给人以端庄、大方的感觉。

同时，唐代可以说是黄鹤楼从军事楼向观赏楼转换的一个重要时期。可以说，唐代的黄鹤楼应该也是一座非常巍峨壮观的建筑。

阎伯理的《黄鹤楼记》一文的意思是：

鄂州城的西南角上，有一座黄鹤楼。《图经》上说："三国时代蜀汉大将费祎成了仙人，曾经骑着黄鹤返回到这里休息，于是就用'黄鹤'命名这座楼。"有关这件事记载在《神仙传》和《述异志》上。

观看这矗立着的楼宇，高高耸立，十分雄伟。它顶端靠着银河，底部临近大江：两层屋檐，飞檐像鸟翼高翘在房舍之上。四面的大门高大宽敞，坐在楼上，可以远眺城乡景色，低下头可以拍击云气和烟雾。这里也是楚地吴地山川胜迹中的最美的地方。

刺史兼侍御史、淮西租庸使、荆岳沔等州都团练使，是河南的穆宁，他一上任就把政事治理得非常好，一发出号召老百姓就非常热情地拥护。有时在公务之余他来此小憩，有时他登车此把客人送到很远的地方，他游览一定来这里，设宴也一定在这里。

我奉命执笔，在这坚硬的石头上写下了这段文字。皇唐永泰元年，这一年是大荒落年，孟夏之月庚寅日写。

知识点滴

宋代诗人留下著名诗词

959年，赵匡胤建立了宋朝，宋朝的百姓过上了安定的生活，有利于发展生产。

于是，这一时期湖北武昌的百姓又在被战乱所毁的黄鹤楼原址上，重新修建了一座比唐代黄鹤楼更胜一筹的楼阁。

这样一来，黄鹤楼便引来众多文人游览，并作诗。在宋代，最早为这座楼阁作诗的是北宋官员张咏，他在《寄晁同年诗》中便提到了黄鹤楼的美景：

桃花江上雪霏霏，

黄鹤楼中风力微。

后来张咏还专门在登黄鹤楼的时候，作一首《登黄鹤楼》的诗：

重重轩槛与云平，一度登临万想生。

黄鹤信稀烟树老，碧云魂乱晚风清。

何年紫陌红尘息，终日空江白浪声。

莫道安邦是高致，此身终约到蓬瀛。

遗憾的是，到南宋时，黄鹤楼又遭遇了火灾，使其变得有些破旧，但这并不妨碍诗人们前来游览，为它吟诗作赋。

相传，黄鹤楼被烧毁后，"南宋四大家"之一的诗人范成大来到了这座古建筑前，观赏了这座著名的楼阁，并留下诗句：

谁家玉笛弄中秋，

黄鹤飞来识理游。

汉树有情横北斗，

蜀江无语抱南楼。

范成大的这首诗主要讲述的是黄鹤楼南面的景色，为此诗的名为《鄂州南楼》。

那么，宋代黄鹤楼建筑到底是怎样的呢？这座宋代阁楼主要是由楼、台、轩、廊组合而成，是一个庭院式的建筑群体。它雄踞于城墙高台之上，与唐代的楼阁相比，已经完全从城墙的一角分离出来了，形成了一个独立的建筑景观，人们登上主楼，可以眺望长江波涛。

同时，宋代黄鹤楼还一改唐代楼阁的样式，使它更加具有清新雅致的风格，屋顶的瓦面由绿色改为黄色。宋代人这样做的目的，一方面说明了当时琉璃瓦的烧制技术的革新与提高，另一方面黄色也是"皇权"至上的象征。

据我国史料中记载，北宋末代皇帝宋钦宗曾御写崔颢的《黄鹤楼》以示风雅。这足以说明当时的封建帝王对黄鹤楼的重视程度。

除此之外，这座精致的楼阁还多亏了当时那些能工巧匠的精心雕琢，才能使得整个楼群重檐飞翼，错落跌宕而又浑然一体，显得繁而不乱，布局严谨。

宋代的黄鹤楼是历代黄鹤楼中规模最大最雄伟的一座。宋代著名的爱国诗人陆游，在他的《入蜀记》中，曾赞叹此地为天下绝景。同时，他还专门作了一首《黄鹤楼》的诗：

手把仙人绿玉枝，吾行忽及早秋期。
苍龙阙角归何晚，黄鹤楼中醉不知。
江汉交流波渺渺，晋唐遗迹草离离。
平生最喜听长笛，裂石穿云何处吹？

不过，宋代黄鹤楼兴废的情况，历史上并没有明确的记载，人们只能从古人留下诗文中推测，它兴建于北宋，毁于南宋。

另外，当时的画家，还曾作过一幅界画《黄鹤楼》，真实地再现了宋代黄鹤楼的模样。

从界画上看，宋代黄鹤楼是由主楼、台、轩、廊组合而成的建筑群，建在城墙高台之上，四周调栏回护，主楼两层，顶层十字形歇山顶，格外雄壮。周围小亭画廊，主次分明，整个群体，层次不乱。

在宋代，除了有张咏、范成大和陆游为黄鹤楼作诗，另外还有游仪的佳作，他在《黄鹤楼》中写道：

> 长江巨浪拍天浮，城郭相望万景收。
> 汉水北吞云梦入，蜀江西带洞庭流。
> 角声交送千家月，帆影中分两岸秋。
> 黄鹤楼高人不见，却随鹦鹉过汀洲。

正是因为诗人对黄鹤楼的吟诗和歌颂，才使黄鹤楼的名气越来越大，为此，后人为了纪念诗人和他们的佳作，在后来重建的黄鹤楼内制成了以唐代和宋代诗人为主，名为《人文荟萃》的精美陶版瓷画。

这些陶版瓷画中的第一幅画，便是画的三位宋代诗人。第一位身穿白衣，背着身子手拿玉笛的儒者便是著名诗人范成大。

那么，为什么只画了范成大的背面呢？因为据说，他来黄鹤楼观赏这座阁楼的事情，在史书上并没有明确的记载，历史上也不清楚他到底是怎么样的一个人，所以，人们便只画了他的一个背影。

画中的范成大右手拿着玉笛，左手微微向上抬起，好像正在欣赏自己刚刚写出的佳句。在范成大的旁边，是一位目光炯炯的老者，他便是我国南宋末年伟大的爱国诗人陆游。

历史上，陆游的一生历经坎坷，至死不忘报效国家，终因壮志未酬含恨而去，为此，他的诗风雄浑豪放，感情真挚。

这幅画上的最后一位人物是身穿战袍的岳飞，他是南宋著名的抗金将领。画中的他，手持金刀，牵着一只黑豹。在他旁边，则是他为黄鹤楼所作的词《满江红——登黄鹤楼有感》：

> 遥望中原，荒烟外、许多城郭。想当年、花遮柳护，凤楼龙阁。万岁山前珠翠绕，蓬壶殿里笙歌作。到而今、铁骑满郊畿，风尘恶。
>
> 兵安在，膏锋锷。民安在，填沟壑。叹江山如故，千村寥落。何日请缨提锐旅，一鞭直渡清河洛。却归来、再续汉阳游，骑黄鹤。

岳飞这首词的最后一句"何日请缨提锐旅，一鞭直渡清河洛。却归来，再续汉阳游，骑黄鹤"的意思是自己何时才能收复失地，然后回来骑黄鹤、游汉阳呢？可惜，他的愿望未能实现，便被害致死。

知识点滴

岳飞的《满江红——登黄鹤楼有感》写出了他对当时南宋政府的无奈和感慨，这首词的意思是：

登楼远望中原，只见在一片荒烟笼罩下，仿佛有许多城郭。想当年啊，花多得遮住视线，柳多掩护着城墙，楼阁都是雕龙砌凤。万岁山前、蓬壶殿里，宫女成群，歌舞不断，一派富庶升平气象。而现在，胡虏铁骑却践踏包围着京师郊外，战乱频仍，风尘漫漫，形势如此险恶。

士兵在哪里？他们血染沙场，鲜血滋润了兵刃。百姓在哪里？他们在战乱中丧生，尸首填满了溪谷。悲叹大好河山依如往昔，却田园荒芜，万户萧疏。何时能有杀敌报国的机会，率领精锐部队出兵北伐，挥鞭渡过长江，扫清横行"郊畿"的胡虏，收复中原。然后归来，重游黄鹤楼，以续今日之游兴。

元明时期的楼阁和宝塔

历史上，由于兵火频繁，黄鹤楼屡建屡废，到元代时，由于当时的帝王崇信宗教，为此，这一时期的黄鹤楼也非常特别。

虽然元时建立的黄鹤楼并没有完整地保存下来，但我们仍能从当时诗人对这座楼阁的诗文描写中找到它辉煌的形象。如自号瀛洲洲客、怪怪道人的元代诗人冯子振在《题黄鹤楼》中写道：

鹤楼千尺倚晴阑，

大别山头舞峻鸾。

昨日英雄无问处，

依然江汉涌波澜。

除了这些著名的诗句，在后来山西永乐宫内的壁画上，我们还能够看出当时黄鹤楼的模样。

这座建筑群主楼是南方楼阁的形制，它综合了宋楼的十字脊歇山顶，并将宋楼的单层檐改为双层重檐，以绿瓦裹金边的形式展现在人们面前。

在古代建筑中，有"重檐为尊"的说法，而将黄鹤楼的主楼改为双层重檐，说明它在元时的建筑中占有极高的地位。

此外，这座建筑在造型上还有它与众不同的地方，就是在主楼的面前，还建有一座具有北方特色的观景台，中间以一座旱桥连接，从整体的设计上看，既保持了汉民族的文化传统，又糅合了北方文化的元素，还充分表达了当时统治者的良好愿望：希望南北文化、人民之间能够融合发展和平共处。

从保留下来的壁画中可以看出：元代的黄鹤楼具有宋代黄鹤楼的

遗风，斗拱疏朗，飞檐大方，有两层，两边的亭轩呈对称形，主楼前是瞭望高台。

但在布局与内容构成方面都有不小的发展，植物配置的出现，更是一大进步，使原来单纯的建筑空间发展成为浓荫掩映的庭院空间，达到远近皆景、游憩皆宜的效果。

此外，因为元代帝王崇信宗教，为此，在1343年，元威顺王宽彻普化太子，还命人在黄鹤楼的旁边修建了一座用于供奉舍利和安葬佛法物的佛塔。

此塔又名胜像宝塔，塔高9.36米，座宽5.68米，采用外石内砖方式砌筑，以石为主，内部塔室使用了少量的砖。塔内上逐渐收缩，尺度越小，其轮廓线条大体呈三角形，看上去不大，但庄重持稳，的典雅庄美。

塔的外观分作座、瓶、相轮、伞盖、宝顶五部分。据记载，明清两代，此塔于黄鹤楼均立于蛇山旧城墙上，塔楼并存，相映成趣。

在封闭的塔心发现一个雕刻精致的石幢，高一米余，下为圆座，幢身为八角形，顶部刻有各种莲花装饰。塔室内还发现一个密封的铜宝瓶，摇动时瓶内沙沙作响，瓶底为凹形，平面刻双勾字两行，内容为："洪武二十七年岁在甲戌九月卯谨志"，瓶腹刻有"如来宝塔，奉安舍利。国宁民安，永乘佛庇"。

由此可见，瓶内装的是"佛"的骨灰，此塔的密封室于洪武二十七年九月十八日，也就是1394年10月13日，曾经被打开或进行过修复。后来，此宝塔成为黄鹤楼古址保存最古老、最完整的建筑。

元以后，明代修建的黄鹤楼更是多灾多难，据史书记载，明时的黄鹤楼毁建七次，最早建于明洪武年间，最后建成崇祯时期，其楼阁的特点以清秀为主。

根据后人在重建后的黄鹤楼内，修成的明代黄鹤楼模型，我们可以知道，明代的黄鹤楼是一座皇家园林与江南园林相结合的建筑群。

黄鹤楼的主楼建在高台上，楼高三层，顶上加有两个小歇山，楼前有小方厅，再前便是入口，入口两侧有粉墙环绕，门前道路一边临江，一边傍坡。

从明代的黄鹤楼建筑中，可以真切感受到集南北文化精髓的建筑风格。这座建筑群虽不及唐、宋楼的舒展开朗，但建筑群的布置更为成熟。

长廊、亭、台、轩、牌坊等附属景点的增加，与高大雄伟的主体建筑结合，既不失北方园林的雄浑壮观，又显现出江南园林的秀美。

在我国历史上，明黄鹤楼的资料相对较多，其中描写当时楼阁的诗歌多达250首左右，还有楼记、流记和歌赋等多类文字记载。其中，以姚广孝、夏原吉和王偁等人的诗歌尤为出名。

黄鹤楼旁边的胜像宝塔是西藏佛教密宗的佛塔，也是佛教从印度传入我国最初的塔形，它是黄鹤楼古址保存最古老、最完整的建筑。

关于这座宝塔的来历，还有一个故事：

传说，在三国时期，黄鹤楼下有一盏巨灯，就像悬在半空中的一轮明月，把江面照得通明透亮。关羽根据这盏灯，指挥兵船拐进长江，逆流而上，按期与诸葛亮会合，并与吴军联盟火烧赤壁，大败曹操。

自火烧赤壁以后，黄鹤楼下的这盏灯一直不熄，天天为来往船只导航。道士发现，他们每拨一次灯芯，灯里就冒出油来，舀来炒菜吃。一次，一个道士想多舀些油卖了发财，就使劲拨灯芯，哪知用力过猛，把灯芯扯掉了，这时灯里不再冒油，连整个灯都变成了葫芦形状的石塔。后来，人们就把这座石塔叫作"孔明灯"，也就是胜像宝塔。

知识点滴

清重建及后来的建筑布局

　　1636年，清军入关，建立了清王朝。为了缓和人民群众的矛盾，清朝廷有选择地保留了汉族的传统文化，由于黄鹤楼是闻名遐迩的传统名胜，所以这座楼阁在顺治初年便得到重建。

从1656年到1884年，黄鹤楼屡建屡废，经过了多次的整修，有了"国运昌则楼运盛"的说法。

其中，最后一座黄鹤楼建于1868年，毁于1884年的大火。

那次大火，使得黄鹤楼内的文物荡然无存，在后来的遗址上唯一遗留下来一个黄鹤楼铜铸楼顶。

不过，从清代留下的古籍中可以看出，清代黄鹤楼的一次次重建和修葺，使它建筑规模一次比一次宏大，并使我国的道教文化与建筑，更加紧密地联系起来，使它达到了我国古典园林的极致。

在后来重修的黄鹤楼内，我们可以清楚地看到同治年间黄鹤楼的原型。这座建筑的特点是以三层八面为特征，主要建筑数据应合"八卦五行"之数，以求避凶趋吉。

如：平面四方代表"四象"，即东、西、南、北；外出八角寓意"八卦"；明为三层，法"天、地、人"三才；暗设六层，合卦辞"六"之数；每楼翼角12个含"十二个月""十二个时辰"等概念；檐柱28根表示"二十八星宿"象；中柱四根代表"东、西、南、北"思维；层檐360个斗拱合周天360度；全楼共有72条屋脊表示一年有72候。

楼内天花，一层绘八卦，二层绘太极，合日月经天，明阴阳之象；楼顶攒尖共五个，蕴"五行"之意。楼顶紫铜葫芦三层，表示受到"三元"之托等。

　　可以说，这座楼阁是道教文化与我国建筑最完美的结合。为此，有人说："岳阳胜景，黄鹤胜制"。应该说，黄鹤楼奇特的建筑风格，在我国古典园林建筑史上是独一无二的，堪称古典建筑中的一束奇葩。它是我国古代劳动人民辛勤劳动与聪明才智的象征。

　　由于清代时的黄鹤楼非常壮观令人向往，为此，也有许多诗人和学者为这座阁楼留下了著名的诗篇。如清代诗人沈德潜在《黄鹤楼》中写道：

　　　　鹤去楼空事渺茫，楚云漠漠树苍苍。

　　　　月堤酒酌三杯晓，江水清流万古长。

　　　　不遇谪仙吹玉笛，曾闻狂客坐胡床。

　　　　登临此地怀京国，也似金台望故乡！

清代官员桑调元的《黄鹤楼》写道：

黄鹤飘飘不可留，凌虚长啸此登楼。

祢衡文字真为累，陶侃功名亦是浮。

帆影带回湖口月，笛声催散汉阳秋。

扶筇独往平生愿，是处江山作胜游。

清代中叶著名诗人宋湘在《黄鹤楼题壁》中写道：

笛声吹裂大江流，天上星辰历历秋。

黄鹤白云今夜别，美人芳草古时愁。

我行何止半天下，此去休论八督州。

多少烟云都过眼，酒杯还置五湖头。

　　自从清同治年间建成的黄鹤楼在光绪年间被毁以后，这座建筑在百年时间里都未曾重修，直至后来，黄鹤楼旧址被兴建武汉长江大桥武昌引桥时占用，于是，后来重建的黄鹤楼便建在了距旧址约1000米左右的蛇山峰岭之上。

　　这座新建的黄鹤楼是以清代黄鹤楼为蓝本，采取"外五内九"的形式，一改古楼为木质结构的建筑材料，用钢筋混凝土等现代材料建筑而成。

　　黄鹤楼为五层，高51.4米，楼为钢筋混凝土仿木结构，72根大柱拔地而起，60个翘角层层凌空，像黄鹤飞翔，每个翘角上的风铃在四面来风的吹拂下发出浑圆深沉的音响。

五层飞檐斗拱，古朴典雅，色彩统一的琉璃瓦，彰显富丽堂皇，这是以清代同治楼为摹本重新设计的，既不失黄鹤楼传统的独特造型，又比历代的旧楼更加雄伟壮美。

黄鹤楼坐东朝西，楼顶为攒尖顶。四面各起一座歇山骑楼，呈五顶并立状。骑楼下博风板之间各有一块黑底金字楼匾。正面为"黄鹤楼"三个字，下面入口处门匾为"气吞云梦"，由唐孟浩然诗句"气吞

云梦泽，波撼岳阳城"演变而来，极言黄鹤楼气势之盛。楹联传为吕岩旧题：

由是路，入是门，奇树穿云，诗外蓬瀛来眼底；
登斯楼，览斯景，怒江劈峡，画中天地壮人间。

意思是，由这条路走进这个门里，不但可以看到高耸的奇树，穿插云霄，而且蓬莱瀛舟这两座仙山美景，也都尽入眼底。

登上黄鹤楼，眺望楼外景色，长江的怒涛仿佛劈开山峡，一泻千里，直奔东海，真是天地人间之壮观。

北面和南面两匾仍同清同治楼一样，北面是"北斗平临"，北

斗，即北斗七星，因起星座在北方，形状如斗，故名。意为站在黄鹤楼一，遥望北斗，感觉北斗星与自己一样高，一样平，形容该楼之高。下面入门门匾为"云横九派"。

这里的"九派"指长江许多支流汇集入海。古有"江分九派"的说法。

"云横九派"取自 "云横九派浮黄鹤"，描写长江支流汇集汉江。云水苍茫，烟波浩瀚的气势。

阁楼南面是"南维高拱"，南维：指南方星宿；高拱：意为黄鹤楼面对南方群星璀璨，居高临下，犹如磐石一样安稳。

下面入门匾额为"势连衡月"，黄鹤楼气势雄伟，仿佛与千里之外的南岳连成一气，构成一幅"拔地向天，耸翠如屏"的气势。

东面原为"远举云中"，后改为"楚天极目"四字，这四个字源

于 "万里长江横渡，极目楚天舒"。意为登上黄鹤楼，祖国的大好河山尽在眼前。

底下门匾为"帘卷乾坤"，"乾坤"古代指天地、阴阳的两个对立面，今泛指宇宙。这里用的是比拟，意为黄鹤楼以外开阔的大自然，尽收眼底。寓意深远，令人神驰。

楹联为：

龟伏蛇盘，对唱大江东去也；

天高地阔，且看黄鹤再来兮。

意思为龟山伏在地上，蛇山盘成一个长形，它们隔水相望，好像高兴地唱着大江东去的歌；晴天高朗，大地开阔，看见黄鹤楼归来，好像老友重逢，心里感到无比地喜悦。

黄鹤楼主楼为攒尖楼顶，金色琉璃瓦屋面。全楼各层布置有大型壁画、楹联、文物等，楼外铸铜黄鹤造型、胜像宝塔、牌坊、轩廊、亭阁等一批辅助建筑，将主楼烘托得更加壮丽。

黄鹤楼外观为五层建筑，里面实际上是九层。我国古代称单数为阳数，双数为阴数。"九"为阳数之首，与汉字"长久"的"久"同音，有天长地久的意思,所谓"九五至尊"，黄鹤楼这些数字特征，也表现出其影响之不同凡响。

黄鹤楼主楼的五层结构依次为：

一层为大厅，有著名的《白云黄鹤图》，图上有仙人乘黄鹤离去的飘然景象。

二楼主要介绍黄鹤楼的历史，有题写于壁上的《黄鹤楼记》。

三楼大厅内是一组陶板瓷画，题名为《人文荟萃》，再现了历代文人墨客来黄鹤楼吟诗作赋的情景，最有名的是崔颢的《黄鹤楼》。

四楼是文化活动场所，陈列后来书画家游览黄鹤楼的即兴之作。

五楼大厅内是一组题为《江天浩瀚》的组画，面积达99平方米，由十幅壁画重彩画组成。

登顶五楼，武汉三镇尽收眼底，长江的浩瀚美丽，长江大桥将武昌和汉阳相连，屹立在对岸龟山上的龟山电视塔，整个城市的高大建筑和风景都展现在眼前。与之交相辉映的白云阁，坐落在蛇山之巅，共四层，高29.7米。前楼后阁构成"白云黄鹤"，成为武汉的标志物。

除了这座黄鹤楼主楼，在后来建成的黄鹤楼景区内，还有"鹅"碑亭、诗词碑廊、黄鹤归来铜雕、九九归鹤图浮雕和千禧吉祥钟等建筑。

"鹅"碑亭在黄鹤楼以东245米处，有清代流传下来在武昌蛇山黄鹄矶的一笔草成的"鹅"字刻石一方。传说，书圣王羲之在黄鹤楼下养过鹅群，有次情不自禁写下此字。后来，人们将依拓本重新制作的鹅字碑立于形如弯月的鹅池东端，在碑的北侧建一石拱桥，并以碑作亭壁，建六角亭，亭以碑名。

九九归鹤图浮雕在黄鹤楼东南240米处，位于景区白龙池边，是我国国内最大的室外花岗岩浮雕。整个雕塑呈红色，99只仙鹤呈现种种不同的舞姿。浮雕依蛇山山势呈不等距"Z"形，全长38.4米，高4.8米，云蒸霞蔚，日月同辉，江流不息，生机盎然。

词诗碑廊位于黄鹤楼东南210米，环绕景区鹅池四周，碑刻内容为国内书画名家书写的历代名人吟咏黄鹤楼的诗词名句。碑墙上共嵌有石碑124通，根据真迹描摹镌刻。

黄鹤归来铜雕位于黄鹤楼以西50米的正面台阶前裸露的岸石上，由龟、蛇、鹤三种吉祥动物组成。龟、蛇驮着双鹤奋力向上，黄鹤帽脚踏龟蛇俯瞰人间。该铜雕重3.8吨，系纯黄铜铸成。

这些特别的建筑和黄鹤楼主楼连成一体，将黄鹤楼景区打造得更加完美动人。

知识点滴

1957年，我国在建长江大桥武昌引桥时，占用了黄鹤楼旧址，1981年重建黄鹤楼时，选址在距旧址约1千米的蛇山峰岭上。武汉是"百湖之市"，如果把长江、汉水、东湖、南湖以及星罗棋布的湖看成是连绵水域的话，城市陆地则是点缀在水面上的浮岛，武汉就是一座漂浮在水上的城市。

在这方壮阔的水面上，有一条中脊显得格外突出。从西向东，依次分布着梅子山、龟山、蛇山、洪山、珞珈山、磨山、喻家山等，这一连串的山脊宛如巨龙卧波，武汉城区第一峰喻家山是龙头，在月湖里躺着的梅子山则是龙尾。

传说这是武汉的地理龙脉。黄鹤楼恰好位于巨龙的腰上。骑龙在天，乘势而为，黄鹤楼的这种选址似乎透露出某种玄机。

滕王阁

　　滕王阁，素有"西江第一楼"之誉。雄踞江西南昌抚河北大道，坐落于赣江与抚河故道交汇处。

　　滕王阁建于653年，因唐太宗之弟李元婴始建而得名，因初唐诗人王勃诗句"落霞与孤鹜齐飞，秋水共长天一色"而流芳后世。

　　滕王阁被古人誉为"水笔"，在世人心目中占据着神圣地位，历朝历代备受重视。滕王阁也是古代储藏经史典籍的地方，从某种意义上来说，它是我国古代的图书馆。

唐高祖后代始建最早楼阁

唐朝的开国皇帝唐高祖李渊，有一个儿子名叫李元婴，当他长大成年以后，他的哥哥李世民当上了唐朝的皇帝。

639年，李世民把这位弟弟封为滕王，并派他到山东为官。但由于李元婴从小出生在帝王之家，因此脾气非常不好，他在山东当了十多年官后，当地的老百姓非常不喜欢他，对他的意见很大。

这时，李元婴的哥哥李世民已经去世了，李世民的儿子李治继承了皇位，当他听说山东百姓对自己的这位叔叔不满以后，他便把李元婴派到了苏州担任刺史，后来，又把李元婴调到洪州担任都督。

当时的洪州便是后来的江西南昌，那是比较偏僻的荒蛮之地，是安置递降官员之所在。李元婴从小受到宫廷生活熏陶，能书善画，而且喜爱音乐、戏曲、舞蹈。为此，当他从苏州来到洪州时，他没有忘记带来一班歌舞乐伎。

但是，当时洪州城里没有一个合适场所供他玩乐，他便只好在都督府里盛宴歌舞。可是在自己的都督府内歌舞毕竟有许多美中不足之处。为此，这位滕王在空闲之时，便定期到郊外山林中打猎取乐。

有一次，他逐猎到了赣江东岸的南浦，即今南昌城西南的广润门外，章江至此分流。在这里，李元婴见西山横翠，南浦云飞，碧水如练，江上帆影绰绰，鸥鹭翔集，一派江南美景，不禁流连忘返。

后来，李元婴干脆带来自己的僚属和歌舞伎，来到章江门外的冈峦之上，摆开宴席，既眺望美景，又欣赏歌舞。

可是，城外的丘冈之上，遍地乱石杂草，歌舞伎们难以施展技艺。

这时，李元婴的一个手下便对滕王建议说："都督，你既然这么喜欢听歌赏舞，何不在江边筑一高阁，这样既可以饱览江山之秀，又可以享歌舞之乐，何乐而不为呢？"

李元婴听了后，觉得这个意见非常好，就采纳了。李元婴便以亲王的权力和财力，命人在数月的时间里，在江边的丘冈之上，修建了一座雄伟的楼阁。这一年是652年。

这座楼阁修成后，李元婴便常常在此饮酒赋诗，歌舞作乐。当然，这位滕王自己万万没有想到，他的建阁之举，竟然为后来的江西南昌留下了一笔宝贵的文化遗产，对南北文化交流以及江南歌舞的发展和繁荣起了重要的作用。

此楼阁建成后，因为李元婴又被称为滕王，为此，洪州官员便以滕王的封号冠以阁名，所以称为"滕王阁"。

在后来的日子里，这座楼阁几经兴废，唐代初建时的样子已经再也看不见了，后来重建的楼阁主体建筑净高57.5米，建筑面积13000平方米。其下部为象征古城墙的12米高台座，分为两级。

台座以上的主阁是根据"明三暗七"的形式而建造的，为此，人们在外面只看得到三层，而里面却有七层，三层明层，三层暗层，再加一层设备层。

楼阁的瓦件全部采用宜兴产碧色琉璃瓦，因唐宋多用此色。正脊鸱吻为仿宋特制，高达3.5米。勾头、滴水均为特制瓦当，勾头为"滕阁秋风"四字，而滴水为"孤鹜"图案。

台座之下，有南北相通的两个瓢形人工湖，北湖之上建有九曲风雨桥。楼阁云影，倒映池中，盎然成趣。

循南北两道石级登临一级高台。一级高台，踏步为花岗石打凿而成，墙体外贴江西星子地区产的金星青石。一级高台的南北两翼，有碧瓦长廊。

长廊北端为四角重檐"挹翠"亭，长廊南端为四角重檐"压江"亭。

从正面看，南北两亭与主阁组成一个倚天耸立的"山"字；而从天上向下俯瞰，滕王阁则有如一只平展两翅，意欲凌波西飞的巨大鲲鹏。

李元婴兴建滕王阁后，他又建造了一艘青雀舸，并常常率领僚属狎客乘青雀舸游弋江中，漫步洲渚。当他见到洲上五彩缤纷上下翻飞的蝴蝶时，不禁欣喜若狂。

李元婴本来工书善画，再经过师法自然，李元婴的画技愈发长进，所画蝴蝶分"大海眼""小海眼""江夏斑""村里来""菜子花"等。

其蝶、花莫不栩栩如生，终于渐成自家体系。他画过许多蝴蝶图，最有名的一幅是《百蝶图》，并从此在画坛留下了"滕派蝶画"的美名。有诗道：

滕王蛱蝶江都马，一纸千金不当价。

据说，当年，滕王在自己的楼阁里，还挂有一副磨漆画《百蝶百花图》。为此，后人为了纪念喜好艺术的李元婴，在后来重建的滕王阁内，也制作了一副磨漆画《百蝶百花图》。

这幅蝶画制作考究，工艺精湛。它以三合板为底，贴金箔为底色，用细铜丝勾勒蝴蝶的线条，将贝壳碾成粉末，敷成翅膀，花瓣儿用蛋壳拼成。

这幅作品风格独具一格，自成一派，称之为艺术林苑的一支奇葩。其材取于自然，无一丝做作之笔，完全是手工剪切粘贴而成，任何一件作品都是举世无双的，具有很高的欣赏价值。

另外，因为滕王李元婴初建此楼阁的目的，是为了饮酒赋诗，歌舞作乐的，为此，后人们在重建的滕王阁内，还分别绘有唐代歌舞伎《唐伎乐图》浮雕和唐三彩壁画《大唐舞乐》等。

其中，唐三彩壁画在滕王阁最高一层大厅内南北东三面的墙上。

南面为"龙墙",以男性歌舞乐伎为主,画面以《破阵乐舞》为大框架。据《新唐书·礼乐志》记载:唐太宗李世民为秦王时,征伐四方,破叛将刘武周,军中遂有《秦王破阵乐舞》之曲流传,歌颂其功德。李世民即位后,亲制《破阵乐舞》,其舞形及音乐"发扬蹈厉,声韵慷慨。"

在重建的滕王阁内,壁画中舞蹈者披甲执戟,作战武士打扮,具有浓厚的战斗气息和粗犷雄伟气势。

《破阵乐舞》的队列当中,有两组舞蹈的表演者。右边,两名胡人表演以跳跃动作为主的《胡腾舞》,这种舞蹈为唐代西北少数民族舞蹈,出自石国,也就是唐属安西大都护府管辖,也就是后来的乌兹别克塔什干一带。舞蹈者头戴珠帽,穿长衫,腰系宽带,足登黑色软靴,有诗道:

扬眉动目踏花毯,红汗交流珠帽偏。

在队列左边，两名舞者执剑跳起，表演的是《剑器舞》。唐代著名舞蹈艺人公孙大娘善舞剑器，诗人杜甫在《观公孙大娘弟子舞剑器行》诗中描绘道：

霍如羿射九日落，矫如群帝骖龙翔。

来如雷霆收震怒，罢如江海凝清光。

画面中后部，舞者身披狮皮表演《五方狮子舞》。五名舞者装扮成五头不同颜色的狮子，各立一方，表演狮子"俯、仰、驯、狎"等各种情态，有两人扮成"昆仑像"，就是戏狮的人，牵着绳，拿着拂尘彩球逗弄狮子，场面雄伟壮观。

这幅画与前面的《破阵乐舞》队形有机地联系在一起。画面后部是乐台上下的伴奏乐伎。

大厅北面为"凤墙"，以女性歌舞乐伎为主，画面以唐代著名宫廷乐舞《霓裳羽衣舞》为主体。

　　传说，唐朝的第六位皇帝唐玄宗曾听得月宫仙乐，玄宗默记下一半，后西凉节度使杨敬述献上《婆罗门曲》，与玄宗记下的仙乐相符，玄宗将此曲润色并重新填写歌词，改名《霓裳羽衣曲》。其音乐、舞蹈和服饰都着力描绘虚无缥缈的仙境和仙女形象。

　　据说，唐代诗人白居易欣赏完滕王阁内的《霓裳羽衣舞》壁画后，在诗中描绘，其服饰：

　　　　　　　　案前舞者颜如玉，不着人间俗衣服。
　　　　　　　　虹裳霞帔步摇冠、细璎累累佩珊珊。

　　其舞姿：

　　　　　　　　飘然转旋回雪轻，嫣然纵送游龙惊。
　　　　　　　　小垂手后柳无力，斜曳裾裙云欲生。

在《霓裳羽衣舞》的左边，两名女童踩莲对舞，表演的是《柘枝舞》。此舞为唐代西北少数民族舞蹈。

《柘枝舞》画面的中后部，两名舞伎在圆形地毯上快速轻盈地旋转，表演的是《胡旋舞》，此亦是唐代西北少数民族舞蹈，出自康国，唐代属安西大都护府管辖。其舞姿动作轻盈，急速旋转，节奏鲜明，主要以鼓伴奏。

《胡旋舞》的画面后部是伴奏乐伎。整个舞蹈场面设置在满塘春水、绿荷粉芙蓉的水榭之上，旁有两只仙鹤，一左一右，上下翩飞，烘托了轻歌曼舞、飘飘欲仙的气氛。

除这幅大型的唐三彩壁画，在后来修建的滕王阁内，还有一副长2.65米，宽1.85米的大型铜浮雕《唐伎乐图》，它位于滕王阁三层西大厅的东墙上，画面着力塑造了三位唐代舞伎，表演的是《霓裳羽衣舞》。

三名舞伎周围，分别雕刻有马术、摔跤、斗牛、横吹等一系列民间游艺竞技场面以及星相等，两侧是操持各种乐器奏乐的艺人。

整个画面体现了唐代国富民强、盛世升平之景象。

知识点滴

在我国，不仅南昌有一座滕王阁，在四川的阆中地区，也有一座滕王阁，而这座滕王阁的始建人也是滕王李元婴。

原来，当年在李元婴修成南昌滕王阁的27年后，唐高宗李治又把李元婴调到四川阆中地区接任其兄鲁王灵夔出任刺史。

李元婴一到阆中，就以"衙役卑陋"为名，在阆中修建宫殿和高楼，又在阆中玉台山建玉台观和滕王亭，供自己游乐。这样一来，在我国的土地上，便出现两个滕王阁。

王勃为楼阁作千古名序

761年，唐代诗人王勃从山西老家出发，万里迢迢去看望因他而被贬官的父亲，当他坐船来到了江西与安徽交界的马当山时，突然遇上风浪，不得前行，只能靠岸。

于是，王勃就到马当山庙里观赏里面的佛像，当他赏玩够了正想回到船上去时，突然看见一位头发花白的老人家坐在岸边的一块巨石上。

王勃刚想走上前去与老人打招呼，老人就问他："来的是王勃吗？"

王勃非常惊讶对方居然认识自己，便说："正是，不知老人家怎么认识我？"

那老人说："明天是九九重阳节，滕王阁上有聚会如你能前往赴宴，并作一文章，定能够永垂不朽！"

王勃笑说："老先生您有所不知这里离洪都的滕王阁有六七百里远，我在明天根本就不可能赶得到啊？"

老者对王勃神秘地一笑，便接着说："只要你愿意去，老朽我愿意助你一阵清风，让你明天早上就能到达洪都。你看如何？"

王勃不禁疑惑地看了看

老者，问："拜问老先生，您是神，还是仙？"

老者笑笑不说话，只轻轻地一推，王勃便被老者推上了船。

王勃一上船，那船便自己向前驶去。却听见那老者在王勃的后面说："吾即中源水君，适来山上之庙，便是我的香火……"。

等王勃再向岸边望去时，岸上的老者已经不在了。王勃进入船舱休息了一夜，等他第二天一早醒来时，发现自己已经来到了洪州的滕王阁旁的江边。

原来，此前，由滕王李元婴主持兴建的那座滕王阁早已破败不堪，于是洪州现任的都督阎伯屿便自己出钱请来工匠维修了这座楼阁。楼阁维修完成后，为了让大家看到自己的修筑功劳，阎伯屿都督

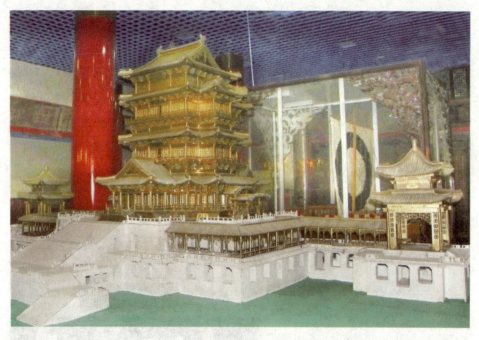

便在重阳节这天，请来了各界有名的才子，让大家为这座楼阁作记。

这天，等各位才子都就座了，阎伯屿便对他们说："大家都知道，这滕王阁是洪都的一大绝景，在座的各位，如果能为滕王阁作一篇记，那就是再好不过的事情了。"

其实，这阎伯屿早就叫他的女婿吴子章提前写好序文，所以在座各位都假装写不出来，想推让吴子章，好让阎伯屿翁婿名利双收。

可是，由于王勃是刚到这里的，他不了解这其中的内情，接过笔就立即写了起来。

这个时候，阎伯屿自然就不高兴了，他悄悄地退回到屏风的后面，让一个仆人向自己报告王勃所写的序文。

一会儿，仆人向阎伯屿悄声说："南昌故郡，洪都新府……"

阎伯屿一听，说："这是老生常谈，谁人不会！"

一会儿，仆人又来报："星分翼轸，地接衡庐……"

听到这里，阎伯屿便不说话了。

接着，仆人又进来说："物华天宝，龙光射牛斗之墟；人杰地灵，徐孺下陈蕃之塌……"。

阎伯屿笑道："这个人把我当作知音。"

后来，仆人又一次地进来说："落霞与孤鹜齐飞，秋水共长天一色……"。

阎伯屿听到这里，顿时眉开眼笑，大声叫好，说："这个人下笔如有神助，真是天才啊！"

一柱香的功夫过去后，王勃终于完成了著名的《滕王阁序》。

阎伯屿接过王勃作的《序》，高兴得合不上嘴了，立即邀王勃喝酒。此时，这位阎都督早已经忘记了自己女婿的序文，趁着酒兴，阎伯屿对王勃说："这滕王阁，有了你的好文章，一定能够流传千古，我赏你千金！"

后来，阎伯屿果然赏给了王勃千两银子。

不仅如此，在王勃离开都督府前，他又在自己的《滕王阁序》后面作了一首诗：

　　　　　滕王高阁临江渚，佩玉鸣鸾罢歌舞。

　　　　　画栋朝飞南浦云，珠帘暮卷西山雨。

　　　　　闲云潭影日悠悠，物换星移几度秋。

　　　　　阁中帝子今何在？槛外长江空自流。

从这一天起，阎伯屿新修的滕王阁便因为王勃为楼阁作的序和诗而越来越出名了，而王勃本人的序和诗呢，也因为滕王阁而闻名。

到后来，因为王勃作的这个《序》，还让滕王阁成为我国三大名楼中最早名扬天下的楼阁，因此，此楼又被称为被誉为"江南三大名楼"之首。可以说，滕王阁之所以能够闻名，这与王勃为它作的《滕王阁序》是分不开的。

正是因为如此，人们在后来建成的滕王阁一层大厅中，便特意制作了一幅名为《时来风送滕王阁》的汉白玉浮雕，上面描述的就是当年王勃作序的故事。

浮雕主体部分，王勃昂首立于船头，周围波翻浪涌，表现王勃藉神力日趋700里赶赴洪都英姿。画面右部为王勃被风浪所阻，幸得"中源水君"相助的情景，左部为王勃赴滕王阁宴会，挥毫作序的场景。

整个构图采用时空合成的现代观念，将不同时间、地点、人物、故事融合在同一个画面，.以传统雕塑手法，并通过朦胧灯光的处理，将人们带入幽远迷人的意境中。

在这幅浮雕的右部下方，还有几只飞翔的海鸥，这些鸟名叫"王勃"。王勃后来是溺水死的，据说从那之后，这些鸟每天就在这赣江之上飞来飞去，好像在寻找王勃的踪影。

不仅如此，人们为了纪念王勃所作的《滕王阁序》，还专门在后来建成的滕王阁第五层中厅的正中屏壁上，镶置了一块近10平方米，用黄铜板制作的《滕王阁序》碑，上面的碑文乃是北宋书法家苏东坡亲自手书，后人经复印后放大，由工匠手工镌刻而成。这《滕王阁序》的全文为：

南昌故郡，洪都新府。星分翼轸，地接衡庐。襟三江而带五湖，控蛮荆而引瓯越。物华天宝，龙光射牛斗之墟；人杰地灵，徐孺下陈蕃之榻。雄州雾列，俊采星驰，台隍枕夷夏之交，宾主尽东南之美。都督阎公之雅望，棨戟遥临；宇文新州之懿范，襜帷暂驻。

十旬休假，胜友如云；千里逢迎，高朋满座。腾蛟起凤，孟学士之词宗；紫电青霜，王将军之武库。家君作宰，路出名区；童子何知，躬逢胜饯。

时维九月，序属三秋。潦水尽而寒潭清，烟光凝而暮山紫。俨骖𬴂于上路，访风景于崇阿。临帝子之长洲，得仙人之旧馆。层台耸翠，上出重霄。

鹤汀凫渚，穷岛屿之萦回；桂殿兰宫，列冈峦之体势。披绣闼，俯雕甍，山原旷其盈视，川泽盱其骇瞩。闾阎扑地，钟鸣鼎食之家；舸舰迷津，青雀黄龙之轴。虹销雨霁，彩彻区明。落霞与孤鹜齐飞，秋水共长天一色。渔舟唱晚，响穷彭蠡之滨；雁阵惊寒，声断衡阳之浦。

遥襟俯畅，逸兴遄飞。爽籁发而清风生，纤歌凝而白云遏。睢园绿竹，气凌彭泽之樽；邺水朱华，光照临川之笔。

四美具，二难并。穷睇眄于中天，极娱游于暇日。

天高地迥，觉宇宙之无穷；兴尽悲来，识盈虚之有数。望长安于日下，指吴会于云间。地势极而南溟深，天柱高而北辰远。关山难越，谁悲失路之人？萍水相逢，尽是他乡之客。怀帝阍而不见，奉宣室以何年？

嗟乎！时运不济，命运多舛。冯唐易老，李广难封。屈贾谊于长沙，非无圣主；窜梁鸿于海曲，岂乏明时。所赖君子安贫，达人知命。老当益壮，宁移白首之心？穷且益坚，不坠青云之志。酌贪泉而觉爽，处涸辙以犹欢。北海虽赊，扶摇可接；东隅已逝，桑榆非晚。孟尝高洁，空怀报国之心；阮籍猖狂，岂效穷途之哭！

勃，三尺微命，一介书生。无路请缨等终军之弱冠；有怀投笔，慕宗悫之长风。舍簪笏于百龄，奉晨昏于万里。非谢家之宝树，接孟氏之芳邻。他日趋庭，叨陪鲤对；今晨捧袂，喜托龙门。杨意不逢，抚凌云而自惜；钟期既遇，奏流水以何惭？呜呼！胜地不常，盛筵难再。兰亭已矣，梓泽丘墟。临别赠言，幸承恩于伟饯；登高作赋，是所望于群公。敢竭鄙诚，恭疏短引。一言均赋，四韵俱成。请洒潘江，各倾陆海云尔！

这篇长800多字的序文，字字珠玑、句句生辉、章章华彩，在这《滕王阁序》中，最著名的两句是"落霞与孤鹜齐飞，秋水共长天一色"。这著名的句子后来被人们刻写在重建的滕王阁主阁正门两边，成为一幅巨大的对联。

每当暮秋之后，鄱阳湖区就有成千上万只候鸟飞临，构成一幅活生生的"落霞与孤鹜齐飞，秋水共长天一色"图，成为滕王阁的一大胜景。

当年，王勃写完序以后，又立即写了诗：闲云潭影日悠悠，物转星移几度秋。阁中帝子今何在？槛外长江……自流。

不过，王勃在此诗的最后一句空了一个字未写，而是将序文和诗呈上就走了。

在座的人看到这里，有人猜是"水"字，有人猜是"独"字，阎伯屿都觉得不对，便立即派人追回王勃，请他补上。

仆人赶到驿馆，王勃的随从对来人说："我家主人吩咐了，一字千金，不能再随便写了。"

阎伯屿知道，又派人包了千两银子，亲自率文人们拜见王勃。王勃接过银子后，故作惊讶地问道："我不是把字都写全了吗？"

大家都说："那不是个'空'字吗？"

王勃说："对呀！就是'空'字呀！"

"是'槛外长江空自流'吗！"众人恍然大悟。

知识点滴

元代时经历的两次修建

　　滕王阁饱经沧桑，历史上屡毁屡建，元代的滕王阁，自忽必烈于1279年建立元朝后，在近100年的时间里，先后经历过两次重建。

　　第一次是1294年。当时，滕王阁几经战乱而破败不堪，大有倾塌

之势。这一年，元世祖忽必烈将南昌改名为龙兴，并封裕皇前来江西。这裕皇便是元裕宗，名真金，是世祖忽必烈的嫡子。

　　裕皇在1261年时被封为燕王，1273年时被封为皇太子，之后，元世祖便把他派到了龙兴封地。

　　1294年，裕皇到滕王阁游玩，发现这座古老的楼阁非常破败，他便立即向自己的奶奶隆福皇太后要银子，想要重建这座楼阁。

隆福皇太后在大家的请求之下，由隆福官拨出5000缗银子，将阁移建城墙之上，于是重新修成了一座漂亮的楼阁。

　　此楼阁修成后，元代文学家姚燧在《滕王阁记》中专门介绍了这座楼阁的修建情况：

　　　　国朝分建行中书省，其镇乎江西者，即龙兴而治焉。郡城之上，有曰滕王阁者，府临章江，面直西山之胜。自唐永徽至元和十五年百七十余年之间，其重修而可知者，昌黎韩文公记，之后五百四十九年，当我朝之至元三十有一年，省臣以兹郡贡赋之出，隶属东朝，乃得请隆福皇太后赐钱而修之，记其事者，柳城姚文公也。

　　　　……非若今出钱隆福官，一瓦一木，不阶其旧，悉毁而新之如是。不变其名，犹曰"滕王阁"。

　　　　……深以五筵，崇以七寻，其势则出而云飞矣。

从姚燧的文章中，可以知道，这一次滕王阁不是重修，而是重建，其规模不一定超过前代，但是气势却不逊色，宋代时留下的旧砖瓦等一律都没有使用。

　　除了姚燧的《滕王阁记》，元代著名散文家贡师泰也为这座新建的楼阁作了一首《题滕王阁图》：

　　　　　雄地控华甸，杰阁临芳洲。

　　　　　飞甍起千仞，曲阑围四周。

　　　　　丹碧何辉煌，文采射斗牛。

　　　　　帝子去不返，俯仰几经秋。

　　　　　江黑帘雨卷，山青栋云收。

　　　　　孤舟天际来，扬帆在中流。

狂飙薄暮起，坐觉增烦忧。

何当扫重翳，白日耀神州。

开图发长叹，天地一浮沤。

从古人留下的这些资料描写可以看出，1294年新修建的滕王阁气势不凡，气薆千仞，曲阑回护，丹碧辉煌。

滕王阁的第二次重修是在40年后，也就是1334年。当时，江南行台御史大夫塔夫帖木儿来到南昌，游登滕王阁，见阁破旧将倾，便采纳当地的最高长官平章马合睦的建议，于同年12月兴工，第二年7月竣工，阁址仍在城墙之上。

重建后的滕王阁，其规模虽比宋阁缩了一些，但"材石坚致，位置周密，檐宇虚敞，丹刻华丽，有加于昔"。新阁落成，塔夫帖木儿遣使请奎章阁侍读大学士、礼部尚书虞集撰写《重建滕王阁记》：

今天子即位，改元元统，其明年甲戌，江南行台御史大夫塔失贴木尔，时以丞相来镇兹省，尝登斯阁，而问焉，追惟裕皇先后之遗德，期有以广圣上之孝心。

平章马合睦赞之曰："重熙累洽之余，民力亦既纾息，名迹弗治，将无以致执事之怍恭也。"

集众思于僚佐，请于朝而作新之。是年十二月丙子，授工庀役，越明年乙亥，仍改元至元之岁，其五月之吉柱立梁举。

属史之来受事者，相与登临览观于斯阁，优游雍容以歌颂国家之盛，而发挥其尊主庇民之心，不亦伟乎。

在此文章中，虞集还认为，可以将江西的文物瑰宝汇集陈列在阁上，一则可供游人观赏，炫耀南昌的确是"物华天宝，人杰地灵"；二则可让四方宾客"登临览观，优游雍容，以歌颂国家之盛，而发挥尊主庇民之心"。

人们为了纪念元代重建的这座楼阁，还专门留下了元代的《滕王阁图》，从这幅图中，我们可以看到，元代的滕王阁在建筑艺术上，雄浑壮观，雕饰简朴，粗犷有力。这幅元代的古图一直保存着，后来被完整地收藏在重建成的滕王阁内。

知识点滴

历史上，裕皇真金并未继位，他与元世祖忽必烈同在1294年去世。裕皇的儿子成宗铁穆耳即位，追谥裕皇为文惠明孝皇帝，尊其母阔阔真为隆福皇太后。

因此，在姚燧的文章中提到的隆福皇太后，可能是裕皇的妻子，如此一来，那么真正在元代第一次号召修建滕王阁的人，可能是裕皇的儿子铁穆耳了。

明代时经历的七次修建

1368年8月的一天，是明朝太祖朱元璋好消息的日子，他经过18年浴血奋战，终于在鄱阳湖的泾江口，得到他的老对手陈友谅死去的消息。

于是，在那一天，朱元璋和他的部下到了洪都后，为了庆祝胜利，他便传令在滕王阁上大摆庆功宴，犒赏三军。

因为楼阁地方有限，当时的宴席铺满了滕王阁左右的各个亭子和空敞的地坪，朱元璋的宴席设在三楼。

在这一天，南昌城里鼓

乐喧天，鞭炮齐鸣；滕王阁上张灯结彩，一片辉煌。这时，红光满面的朱元璋端着酒杯，在刘伯温、胡大海、宋濂等一班文臣武将的簇拥下，一边向两旁的将士致意，一边健步登上滕王阁的三楼。

在这之前，因为忙于战事，朱元璋曾几次路过这座名楼，而没有登楼静心赏景。

今天，却不一样，当他登上三楼，凭栏远眺，江西烟云朦胧，章江之水滔滔北去，南浦上空流云飞渡，真是令人赏心悦目。

观赏完毕，文武官员，二字排开等朱元璋入座后，相继入席坐定。

朱元璋高举酒杯朗声说道："吾与友谅大战鄱阳湖十有八载，全靠诸位出生入死，浴血奋战，才有今日之胜利，才有大宴名阁，望诸位一口而尽，一醉方休。"说罢，朱元璋一饮而尽。

几天后，朱元璋又带着自己的部队，回到南京，在那里建立了明朝。

自从滕王阁受到明朝第一位帝王朱元璋厚爱以后，至明末崇祯年间270余年时间里，由于兵燹战乱，水患火灾等各种原因，滕王阁迭废迭兴达七次之多。

滕王阁的第一次修建是在1436年至1438年之间。当时，滕王阁在大水冲击下，江岸坍塌，阁基松动，渐沦于江。

于是，江西布政使吴润在遗址上重建，作为"迎拜制诏之所"。重建以后，吴润将滕王阁改名为"迎恩馆"，又称"迎恩堂"。

明代时对滕王阁的第二次修建，是在1452年。当时，都御史韩雍巡抚江西，"适值馆毁于火"，他遂率三司诸僚在旧址上重建，改名为"西江第一楼"。

第三次是在1468年，"西江第一楼"自景泰三年（1452年）落成后，仅13年便再一次被毁。布政使翁世资看见后，便慷慨出资，并号召身边的同僚一起出资，于1468年农历五月鸠工兴建，同年十月落成。

此次修建规模甚壮，建成后，翁世资将此楼阁重新命名为"滕王阁"。翰林学士、工部尚书谢一夔为它作《重修滕王阁记》。

1519年，滕王阁毁于兵乱。直至1526年，都御史陈洪谟才组织人员第四次重建。

重建后，吏部尚书罗钦顺撰《重建滕王阁记》道："阁凡七间，高四十有二尺，视旧有加。"阁之前"堂凡五间，大门前峙，其壮皆与阁称。"

阁之后为堂三间，名为"二忠祠"，以纪念抗金民族英雄文天祥、谢叠山二公。

第五次是在1599年，阁自嘉靖五年重建，已逾70余年，"楹础欹圮，阶除湫隘"。江西巡抚王佐、都御史夏良心重又修葺一新。

第六次是因滕王阁于1616年又一次毁于火，新任江西左布政使王在晋、大中丞王佐以滕王阁是"千年古迹也，何忍当吾世遂废之？"而发起同僚捐资重建，他在募捐时说："凡我同事，捐金缔构。"

第七次是在1633年，江西巡抚解石帆捐俸重修滕王阁，并在旧阁遗址上另建一楼，名"环漪楼"。

重建工程于农历五月动工，八月落成。邹维琏撰《重造滕王阁记》，记中赞美此阁有"高山流水之韵，明月清风之致"。

从明代时对滕王阁的七毁七建中可以看出，明代的滕王阁不仅是江南著名的风景游览胜地，也是标榜"太平盛世"的象征。

从古人留下的历史记录中，可以知道，明代的滕王阁在建筑艺术风格上较讲究秀雅、小巧、精致，但在建筑规模上则比以前缩小了。

因为在明代建立时，滕王阁最初受到了开国皇帝朱元璋的重视，为此，后人们在重建的滕王阁内，还专门收藏了一幅明太祖朱元璋的画像，这幅画像藏在滕王阁的三楼，画面上的朱元璋身穿皇袍端坐在那里，一幅踌躇满怀的模样。

此外，在后来重建的滕王阁内，还有一幅记录明代嘉靖年间重建的滕王阁古画，画中的建筑形式继承了宋、元之风。据明代绘画考证，屋顶有所变化，为盝顶式。阁楼阔23米，高13米。

知识点滴

在明代时，古人对滕王阁的多次重建历史中，有3个明显的变化：

一是阁名的变化。明代以前一直叫"滕王阁"，而明初却改名为"迎恩馆"，第二次重建又改名为"西江第一楼"。其后再次重修又复名为"滕王阁"。

二是阁址的变化。明代时，滕王阁由江滨移建于城墙之上，后又由城上改移至城外。

三是功能的变化。共有三种变化：其一，明代以前的滕王阁主要是歌舞游观，赏景吟诗，送客别友，庆典宴饮。然而明代第一次重建后，便成了以"迎拜诏制"为主的"迎恩"之所。后来虽已改回，但从此以后"迎诏"便成了滕王阁的功能之一了。其二，是从个人的吟诗作赋，发展为文人结社，探讨诗文，议论时政的场所。其三，是由歌舞表演进而发展成为戏剧演唱了。

清代时经历的十余次修建

在清代，滕王阁兴毁极为频繁，达13次之多。先后经历顺治、康熙、雍正、嘉庆、道光、咸丰、同治、光绪、宣统等10个皇帝，平均约20年一次，其兴废之频繁，乃是修建楼阁史上所没有的。其兵火战乱殃及滕王阁次数之多，也是阁史上历朝历代所罕见。

究其毁因，除嘉庆年间两次重修和乾隆五十四年（1789年）的一次重建属于年久失修而自然损坏坍塌外，有两次毁于兵燹战乱，八次焚于大火。

1648年，滕王阁焚于兵燹战火，1654年，巡抚蔡士英重建，改明代阁基面向正南而为面向正西，恢复唐阁、宋阁面对西山之旧观，以览江山之胜。

清康熙年间，从1679年至1702年，在短短的23年时间里，滕王阁四毁四建，毁因皆为火灾。

清雍正至乾隆年间，滕王阁二毁二建。1731年毁于火。五年后，也就是1736年，江西总督赵宏恩、巡抚俞兆岳重建。1743年，江西布政使彭家屏重修，复旧额为："西江第一楼"。

1788年，滕王阁再次倒塌。第二年江西巡抚何裕成在旧址上重建。清嘉庆年间，阁因年久失修，"榱角日已圮，丹艧日以剥"，大中丞、江西巡抚秦承恩、江西巡抚先福于公元1805年和1812年两次重修一新，并由江西布政使陈预作记。

至清道光年间，滕王阁再次经历重修重建两次。

一次是1847年，楼阁内部分被火毁，旋即修复；第二次是此次修建的第二年，楼阁再一次遭火焚被毁，江西巡抚傅绳勋重建。

清咸丰至同治年间，滕王阁毁建各一次。1853年农历五月，楼阁毁于兵火。1872年，湘军宿将刘坤一担任江西巡抚以后，便立即主持集资重建。这次重建后，楼阁为二层，并恢复了"迎恩亭"之名。

不仅如此，刘坤还亲自为楼阁作记。并在上层前楼题额"西江第一楼"，后层还刻有小篆书韩愈的《重建滕王阁记》，门匾上为"仙人旧馆"。

清光绪至宣统年间，滕王阁毁建各一次。1908年，滕王阁复遭火焚，并在第二年重建。此次重建后，楼阁的牌楼上书"棨戟遥临"；阁上有楹联："大江东去，爽气西来"。

总体来看，清代滕王阁的规模和形制以清初蔡士英重建为最。其后历次重修重建，大都沿袭清形制。

清代滕王阁的兴废盛衰，与明代一样，不但是昭示"太平盛世"的一种标志，同时又是用来炫耀"政绩"的一种象征。清初著名大臣蔡士英在清代第一次重建后，写下的《重建滕王阁自记》中道：

江流不改，景物犹存。第时有盛衰，故事有兴废，主持在人。安见衰者不可使复盛，而废者不可使复兴耶？

蔡士英的寥寥数语，既可见其之感叹与苦衷，又道出了重建滕王阁，使之不绝于世的原因。

清代的滕王阁，从1648年清军围攻南昌，滕王阁毁于兵火，至1909年最后一次重建为止，每次重修均不如前，规模较低。从当时留下的照片看出，清代滕王阁的建筑特色是木结构，歇山重檐，黑瓦木柱，无彩绘。有牌坊式的入阁正门，颇似南方寺观。楼阁共有两层。

1926年10月，在北伐军进攻南昌之际，滕王阁被反动军阀烧毁了。

南昌人民无不义愤填膺，要求惩力凶手。同年11月成立了以江西人民裁判逆犯委员会，并于1927年1月举行宣判大会，把罪犯绳之以法了。纵火罪犯不仅得到了应有下场，而且留下了千古骂名。

知识点滴

第二十九次重建后楼阁新貌

　　滕王阁，自唐代修成后，经历了千余载的历史，历经宋、元、明、清4朝，滕王阁历次兴废，先后修葺达28次之多，唐代五次、宋代1次、元代两次、明代7次、清代13次，建筑规制也多有变化。

　　后来在南昌重建滕王阁委员会的组织下，这座楼阁的第29次重建终于拉开了序幕。重建的滕王阁负城临江，傍依南浦，遥对西山，使人联想到王勃《滕王阁序》中所描绘的意境。

其主阁，是根据遗留下来的《重建滕王阁计划草图》，参照"天籁阁"旧藏宋人彩画《滕王阁》以及宋代《营造法式》一书，重新设计的一项大型仿宋式古建筑。

占地4.7万平方千米，阁身净高57.5米，建筑面积9400平方米；取"明三暗七"格局，基座象征古城墙，碧色琉璃瓦顶，彩画斗拱梁柱，具有唐代"层台耸翠，上出云霄；飞阁流丹，下临无地"的宏伟壮观的气势和风格。

滕王阁主体下部为象征古城墙的高台阁座，高12米，分为两级。一级高台的南北两翼，有碧瓦长廊。长廊北端为四角重檐"挹翠"亭，长廊南端为四角重檐"压江"亭。

在一级高台的上面，便是象征城墙的台座的二级高台。这两级高台共有89级台阶。二级高台的墙体及地坪，均为江西峡江所产花岗石。高台的四周，为按宋代式样打凿而成的花岗石栏杆，古朴厚重，与瑰丽的主阁形成鲜明的对比。

二级高台与石作须弥座垫托的主阁浑然一体。由高台登阁有3处入口，正东登石级经抱厦入阁，南北两面则由高低廊入阁。

其中，正东抱厦前，有青铜铸造的"八怪"宝鼎，鼎座用汉白玉打制，鼎高2.5米左右，下部为三足古鼎，上部是一座攒尖宝顶圆亭式鼎盖。此鼎乃仿北京大钟寺"八怪"鼎而造。此鼎之设，寓有金石永固之意。

滕王阁的主阁色彩，绚烂而华丽。其梁枋彩画采用宋式彩画中的"碾玉装"为主调，辅以"五彩遍装"及"解绿结华装"。室内外斗拱用"解绿结华装"，突出大红基调，拱眼壁也按此色调绘制，底色用奶黄色。

室内外所有梁枋各明间用"碾玉装"，各次间用"五彩遍装"，天花板每层图案各异，支条深绿色，大红井口线，十字口栀子花。椽子、望板均为大红色，柱子油朱红色，门窗为红木家具色。室外平坐栏杆油古铜色。

主阁一层檐下有四块横匾，正东为"瑰伟绝特"九龙匾，内容选自韩愈的《新修滕王阁记》；正西为"下临无地"巨匾；南北的高低廊檐下分别为"襟江""带湖"二匾。内容均选自王勃的《滕王阁序》，以上四匾均是生漆为底贴金匾额。

由东抱厦的正门入阁，门前红柱上悬挂着一幅4.5米长的楹联：

落霞与孤鹜齐飞；

秋水共长天一色。

在第一层的大厅内，便是那副《时来风送滕王阁》汉白玉浮雕。

一楼西厅是阁中最大厅堂，西梁枋正中挂有 "西江第一楼"金匾。此厅陈放了一座滕王阁铜制模型，又叫"阁中阁"。它是按1比25的比例制作。台座乃是采用桂林白矾石打制。厅内丹柱上悬挂有多副出自名家手笔的楹联。

主阁的第二层是一个暗层，采光和通风均靠人工解决。此层的陈设，体现的是"人杰"的主题。正厅的墙壁上，是大型壁画《人杰图》，画高2.55米，长20多米。

画面上生动地描绘了自先秦至明末的江西历代名人，这些人虽然时代不同，服饰不同，地位不同，年龄不同，职业不同，素质不同，性格不同，但是和谐统一在同一的画面之中。

这是一幅由江西历史上众多名杰组成的辉煌长卷，展示伟大华夏民族之雄风。画面人物造型生动，格调雅逸，线条组织富有韵味。

在这一层正厅两侧，设有贵宾接待室和小会议室，进入西厅门楣上，横挂"俊彩星驰"金匾，与《人杰图》浑然一体。

主阁的第三层是一个回廊四绕的明层，也是阁中一个重要层次。在廊檐下有四幅巨型金字匾额，规格都是长 4.5 米、宽1.5米。东匾上写着："江山入座"，西匾上写着："水天空霁"，南匾上写着："栋宿浦云"，北匾上写着："朝来爽气"。

这些匾额内容是清顺治蔡士英重修滕王阁所拟。

这一层的东厅两侧陈列有"銮驾"礼器，取材于"戟""帷"等古仪仗，有朝天镫、月牙戟、判官手、仪仗扇、龙凤屏、金爪等。

面北耳厅陈列以"物华天宝"著称的江西工艺展品，北耳厅为一茶座，是阁中品茗、小憩之地。

此外，在这一层的中厅处，还有一副长5.5米、宽2.8米的壁画屏壁，这副壁画的主要内容是《临川梦》，取材于明代戏剧家汤显祖在滕王阁排演《牡丹亭》的故事。

《牡丹亭》剧本写成于1598年，第二年，汤显祖首次在滕王阁上排演了这出戏，开创了滕王阁上演戏曲之先河。滕王阁由此而从一座歌舞楼台逐渐演变成戏曲舞台。

画面以灰蓝色为基调，采用装饰手法，刻画戏剧人物，体现神灵感梦的故事情节，通过梦幻来体现汤公对黑暗现实的抨击，对理想社会的憧憬，表现出强烈的爱憎。

第三层的西大厅为"古宴厅"，西边梁枋挂一金匾，上书"临江一阁独秀"。东墙上便是一副《唐伎乐图》铜浮雕。

主阁的第四层与第二层建筑上看是相似的，也是一个暗层。此层主要体现"地灵"的主题。正厅的墙壁上，是壁现《地灵图》，集中反映了江西名山大川自然景观精华。

画面从南往北依次是大庾岭梅关、弋阳圭峰、上饶三清山、鹰潭龙虎山、井冈山、庐山、鄱阳湖、石钟山等。画面严谨，功力深厚，充分表现了江西"钟灵毓秀"的壮丽山川。

在此层西厅的门楣上方悬挂着一块写有"雄峙"字样的金匾，西厅则为"滕王阁竹刻楹联堂"。

主阁的第五层与第三层相似。也是一个回廊四绕的明层,是登高览胜、披襟抒怀、以文会友的最佳处。廊檐下四块金匾,内容出自《滕王阁序》。正东为"东引瓯越"、南为"南溟迥深",西为"西控蛮荆",北为"北辰高远"。

在这一层的东厅中央,陈列着滕王阁规划全景模型。西墙上镶嵌着两幅大型陶瓷壁画,规格都是长2.6米、宽2米。这两幅画,一幅名为《吹箫引凤图》,取材于东汉刘向所作《神仙传》。

传说,在春秋时,有个名叫萧史的人,擅长吹箫,秦穆公之女弄玉对他非常仰慕,拜其为师。秦穆公曾专门修建一座"凤台",供他们学习时使用。后来,师徒二人结为伉俪,弄玉在萧史指点之下,很快掌握吹箫技艺,她模仿凤凰之声、引来凤凰围绕她翩翩起舞。数年后,夫妇双双乘凤凰飞升天界成仙。

另一幅是临摹的五代画家关仝的《西山待渡图》。

　　五层的东厅两侧，为"翰墨""丹青"两厅。两厅中有古色古香的根雕家具，有供书画家泼墨挥毫的书画案，是艺术家进行创作的极佳环境。

　　厅正中屏壁上，镶置用黄铜板制作的王勃的《滕王阁序》碑，近10平方米，乃是苏东坡手书，经复印放大，由工匠手工镌刻而成。

　　西厅东壁悬挂磨漆画《百蝶百花图》，有东方油画之誉。

　　五楼是滕王阁最高的明层。漫步回廊，眺望四周，江水苍茫，西山叠翠，南浦飞云，章江晓渡，山水之美，尽收眼底；高楼如林，大桥如虹，公路如织，人车如流，一派城市繁荣之景象。

　　第六层是滕王阁的最高游览层。其东、西重檐之间，高悬着两块长5米、宽2米的苏东坡手书"滕王阁"金匾各一块。

　　其内，虽是一个暗层，但设计者将中厅南北角重檐间墙体改成了花格窗，故光线极好。由台座之下的底层算起，这一层实为第九层，故大厅题匾为"九重天"。

　　大厅中央，有汉白玉围栏通井，下可俯视第五层，其上方对一圆含天圆地方之意。24组斗拱由大至小，由下至上，共12层，按螺旋形排列。取意一年12个月，24个节气。斗拱采用的是明、清民间木作处理手法。彩绘采用五彩装，金碧辉煌。

最顶端的彩绘，则是参照西安钟楼的彩绘式样精心绘制而成。这一螺旋式藻井，在我国古建筑中是不多见的，能给人以动感，凝神仰视，仿佛在不断旋转，不断变化，又给人以时空无限之感，这也正是设计者的匠心之处。

藻井中央，悬挂着精雕细刻的"母子"宫灯，随气流变化，宫灯不停地微微转动。

在这"九重天"的西厅，有一仿古戏台凌霄，是一座小型戏台，每天进行古装歌舞表演。

戏台两侧陈列有楚国曾侯乙墓乐器的复制品，有编钟、建鼓、双凤虎座鼓、二十五弦古琴等，深寓歌舞兴阁之意。

其中，有湖北随县出土的"曾侯乙"编钟、编磬复制件。编钟为

24件，可进行演奏，曾获得许多奖项。编磬为32件，其厚薄不同，敲击时发音各异。

此外，还有土乐"埙""竹乐""排箫"，革乐"建鼓""双凤虎座鼓"，匏乐及丝乐"瑟"、殷代"虎纹磬""铙"等塑件，还有隋唐时代的乐俑。这些仿古乐器既是陈列品，又可利用它们进行小型的乐舞演奏。

在大厅南北东三面墙上，便是大型的唐三彩壁画《大唐舞乐》。

总之，重建的滕王阁，布置成了一座具有唐宋时代文化渊源和浓厚气氛并给人真实感的文化荟萃之地，成为文人墨客以文会友、吟诗作对、雅集抒怀和饮宴歌舞的高雅典丽场所。

滕王阁，这座瑰伟绝特千古名阁，在长达1300多年的时间里，除了1436年江西布政使吴润重修时，曾改名"迎恩馆"，以及1452年江西巡抚韩雍取韩愈"江西多临观之美，而滕王阁独为第一"之意，改名为"西江第一楼"和1743年南昌布政使彭家屏重修滕王阁时再次恢复"西江第一楼"旧称外，历代重修重建均叫"滕王阁"。

纵观1300多年来滕王阁的29次重建和重修，阁址虽有所变动，但均沿袭了唐阁的初旨，保持了唐阁的特有风格。历朝历代重建的滕王阁及其附属建筑，规模与规格虽不一样，但基本上是官用。

滕王李元婴当年创建这座"瑰伟绝特"的江南名楼，其主观上不过是"极亭榭歌舞之盛"。也许，这位亲王怎么也想不到，自己所创建的这座名楼，自才人王勃一序后，名声远播，成了一座文化大殿堂，一座不朽之阁，而且其功能大大超出了他的初衷。

千百年来，历朝各代多少文人雅士慕名而来，以登临题咏、高吟俯唱、挥毫泼墨为幸事和快事，留下了丰厚的艺术瑰宝和文化积淀。它既是一座多临观之美的千年古阁，更是一座闻名遐迩的文化高阁。

历经风雨沧桑的滕王阁，是历史兴衰、国家兴亡的标志。从滕王阁存亡兴废的历史中，我们可以感悟到古人所谓的"乱世则废，治世则兴"的深刻内涵。

知识点滴

1983年初，经南昌市作出了重建滕王阁的决议，于同年3月29日发出了《关于成立重建滕王阁筹备委员会的通知》，并进行了大量的筹备工作。

1985年5月，滕王阁重建进入实施阶段。就在当年，工人们完成了抚河故道拦截堵口工程及客运码头拆迁工作，拉开了人民期盼已久的重建工程的序幕。此后，3年施工进展顺利，于1988年10月19日重阳佳节举行了隆重的封顶仪式。至此，历史滕王阁第29次重建，终于有了皆大欢喜的结果。

1989年10月9日的重阳佳节，一座盛世重建的滕王阁，以世间少有的雄姿，在赣江与抚河汇合处，距唐代阁址仅百余米的赣江之滨重新矗立起来。

今天的滕王阁，已走过了历史的风风雨雨，江天风月贮一楼，自然美与人文美集一身。它正以历史上最辉煌的雄姿屹立在赣江之滨，以中华文明之灿烂光辉永久地照耀未来。